Liebe Leserinnen und Leser,

in einer Welt, in der die Konkurrenz immer größer wird und die Kunden immer anspruchsvoller sind, ist es für Unternehmen von entscheidender Bedeutung, ihre Kunden zu überzeugen und zu begeistern. Doch wie gelingt es, die Aufmerksamkeit der Kunden zu gewinnen und sie von den eigenen Produkten oder Dienstleistungen zu überzeugen?

Dieses Buch gibt Ihnen wertvolle Tipps und Strategien, wie Sie Ihre Kunden erfolgreich ansprechen und begeistern können. Dabei geht es nicht nur um die richtige Ansprache und die Wahl der passenden Marketingkanäle, sondern auch um die Schaffung einer emotionalen Bindung zu Ihren Kunden.

Sie erfahren, wie Sie Ihre Kunden durch eine hohe Servicequalität und eine persönliche Betreuung begeistern können und wie Sie mit gezielten Angeboten und Aktionen Kunden langfristig an sich binden. Auch das Thema Kundenfeedback und Beschwerde Management wird ausführlich behandelt, denn nur wer auf die Bedürfnisse und Wünsche seiner Kunden eingeht, kann langfristig erfolgreich sein.

Ich habe darauf geachtet, dass Sie jedes Kapitel für sich bearbeiten können. Wiederholungen im Text prägen das gelesene schon beim ersten Lesen sehr gut ein. Eine Zusammenfassung des Gelesenen ist jeweils am Ende des Textes dargestellt.

Lesen Sie das Buch das erste Mal von vorn, um die Zusammenhänge zu verstehen.

Ich wünsche Ihnen viel Erfolg bei der Umsetzung der Tipps und Strategien in Ihrem Unternehmen und hoffe, dass dieses Buch Ihnen dabei hilft, Ihre Kunden zu überzeugen und zu begeistern.

Claus- Dieter Funk

"Verkaufserfolg durch effektive Kommunikation

Wie man Kunden überzeugt und begeistert"

1.) Die Bedeutung von Kundenbeziehungen

Kundenbeziehungen sind ein wichtiger Bestandteil jedes erfolgreichen Unternehmens. Eine gute Beziehung zu den Kunden kann dazu beitragen, dass sie treue Kunden werden und das Unternehmen weiterempfehlen. In diesem Artikel werden wir uns genauer mit der Bedeutung von Kundenbeziehungen auseinandersetzen.

Kundenbeziehungen sind der Schlüssel zum Erfolg

Eine gute Kundenbeziehung beginnt mit einer klaren Kommunikation. Es ist wichtig, dass Unternehmen ihre Kunden verstehen und ihre Bedürfnisse und Erwartungen kennen. Eine offene und ehrliche Kommunikation kann dazu beitragen, dass Kunden sich gehört und verstanden fühlen. Unternehmen sollten auch sicherstellen, dass sie auf Kundenanfragen und Beschwerden schnell und effektiv reagieren, um das Vertrauen und die Loyalität der Kunden zu gewinnen.

Ein weiterer wichtiger Faktor für eine erfolgreiche Kundenbeziehung ist die Personalisierung. Kunden möchten das Gefühl haben, dass sie individuell behandelt werden und dass ihre Bedürfnisse und Wünsche berücksichtigt werden.

Unternehmen sollten daher ihre Kundenprofile und -daten nutzen, um personalisierte Angebote und Empfehlungen zu erstellen. Eine personalisierte Erfahrung kann dazu beitragen, dass Kunden sich wertgeschätzt fühlen.

Kundenbeziehungen sollten auch auf Vertrauen und Integrität basieren. Unternehmen sollten sicherstellen, dass sie ihre Versprechen halten und ihre Kunden fair behandeln. Eine transparente Geschäftspraxis kann dazu beitragen, das Vertrauen der Kunden zu gewinnen und zu erhalten.

Schließlich ist es wichtig, dass Unternehmen ihre Kunden langfristig betrachten. Eine erfolgreiche Kundenbeziehung ist nicht nur auf den kurzfristigen Verkauf ausgerichtet, sondern auf eine langfristige Partnerschaft. Unternehmen sollten daher sicherstellen, dass sie ihre Kunden regelmäßig kontaktieren und ihnen Mehrwert bieten, um ihre Loyalität und ihr Engagement zu fördern.

Insgesamt sind Kundenbeziehungen der Schlüssel zum Erfolg in der heutigen Geschäftswelt. Unternehmen sollten sicherstellen, dass sie eine klare Kommunikation, Personalisierung, Vertrauen und Integrität sowie eine langfristige Perspektive in ihren Kundenbeziehungen haben. Eine erfolgreiche Kundenbeziehung kann dazu beitragen, das Wachstum und die Rentabilität des Unternehmens zu steigern und eine starke Marke aufzubauen.

Kundenbeziehungen schaffen Vertrauen

In der heutigen Geschäftswelt ist es von entscheidender Bedeutung, eine starke Beziehung zu seinen Kunden aufzubauen und zu pflegen. Eine gute Kundenbeziehung beginnt mit einer klaren Kommunikation. Unternehmen sollten sicherstellen, dass sie ihre Kunden verstehen und ihre Bedürfnisse und Erwartungen kennen. Eine offene und ehrliche Kommunikation kann dazu beitragen, dass Kunden sich gehört und verstanden fühlen.

Kunden möchten das Gefühl haben, dass sie individuell behandelt werden und dass ihre Bedürfnisse und Wünsche berücksichtigt werden. Unternehmen sollten daher ihre Kundenprofile und -daten nutzen, um personalisierte Angebote und Empfehlungen zu erstellen.

Eine personalisierte Erfahrung wird dazu beitragen, dass Kunden sich wertgeschätzt fühlen.

Unternehmen sollten sicherstellen, dass sie ihre Versprechen halten und ihre Kunden fair behandeln. Unternehmen sollten auch sicherstellen, dass sie ihre Kunden über Änderungen oder Probleme informieren, um das Vertrauen der Kunden zu stärken.

Schließlich ist es wichtig, dass Unternehmen ihre Kunden langfristig betrachten. Eine erfolgreiche Kundenbeziehung ist nicht nur auf den kurzfristigen Verkauf ausgerichtet, sondern auf eine langfristige Partnerschaft. Unternehmen sollten daher sicherstellen, dass sie ihre Kunden regelmäßig kontaktieren und ihnen Mehrwert bieten, um ihre Loyalität und ihr Engagement zu fördern.

Insgesamt sind Kundenbeziehungen nicht nur der Schlüssel zum Erfolg in der heutigen Geschäftswelt. Unternehmen sollten sicherstellen, dass sie eine klare Kommunikation, Personalisierung, Vertrauen und Integrität sowie eine langfristige Perspektive in ihren Kundenbeziehungen haben. Eine erfolgreiche Kundenbeziehung kann dazu beitragen, das Vertrauen der Kunden zu gewinnen und zu erhalten, was wiederum das Wachstum und die Rentabilität des Unternehmens steigern kann.

Kundenbeziehungen fördern die Kundenbindung

In der heutigen Zeit ist es für Unternehmen wichtiger denn je, eine starke Kundenbindung aufzubauen und zu pflegen. Denn nur so können sie langfristig erfolgreich sein und sich gegenüber der Konkurrenz behaupten. Eine Möglichkeit, um die Kundenbindung zu stärken, ist die Förderung von Kundenbeziehungen.

Kundenbeziehungen sind das Fundament einer erfolgreichen Kundenbindung. Denn nur wenn Kunden eine persönliche Beziehung zu einem Unternehmen aufbauen, fühlen sie sich auch emotional mit diesem verbunden. Eine persönliche Beziehung entsteht jedoch nicht von allein, sondern muss aktiv gefördert werden.

Eine Möglichkeit, um Kundenbeziehungen zu fördern, ist die Kommunikation auf Augenhöhe. Unternehmen sollten sich Zeit nehmen, um mit ihren Kunden in Kontakt zu treten und auf ihre Bedürfnisse und Wünsche einzugehen. Hierbei ist es wichtig, dass die Kommunikation authentisch und ehrlich ist. Kunden schätzen es, wenn sie das Gefühl haben, dass ihnen zugehört wird und ihre Meinung ernst genommen wird.

Ein weiterer wichtiger Faktor für die Förderung von Kundenbeziehungen ist die Kundenorientierung. Unternehmen sollten sich immer in die Lage ihrer Kunden versetzen und sich fragen, was diese von ihnen erwarten. Hierbei geht es nicht nur um die Erfüllung von Kundenwünschen, sondern auch um die Schaffung von Mehrwert. Unternehmen sollten ihren Kunden zeigen, dass sie ihnen mehr bieten als nur ein Produkt oder eine Dienstleistung.

Neben der Kommunikation und der Kundenorientierung spielt auch das Vertrauen eine wichtige Rolle bei der Förderung von Kundenbeziehungen. Kunden müssen sich darauf verlassen können, dass ein Unternehmen seine Versprechen einhält und ihnen gegenüber fair und transparent agiert. Hierbei ist es wichtig, dass Unternehmen auch in schwierigen Situationen zu ihren Kunden stehen und Lösungen anbieten.

Zusammenfassend lässt sich sagen, dass Kundenbeziehungen ein wichtiger Faktor für die Kundenbindung sind. Unternehmen sollten sich Zeit nehmen, um mit ihren Kunden in Kontakt zu treten und auf ihre Bedürfnisse einzugehen. Eine authentische und ehrliche Kommunikation, eine starke Kundenorientierung und das Schaffen von Vertrauen sind dabei entscheidend. Nur so können Unternehmen langfristig eine starke Kundenbindung aufbauen und sich gegenüber der Konkurrenz behaupten.

Kundenbeziehungen verbessern das Image des Unternehmens

Ein gutes Image ist für Unternehmen von großer Bedeutung. Es trägt maßgeblich dazu bei, wie Kunden das Unternehmen wahrnehmen und beeinflusst somit auch deren Kaufentscheidungen. Eine Möglichkeit, das Image eines Unternehmens zu verbessern, ist die Pflege von Kundenbeziehungen.

Kundenbeziehungen sind ein wichtiger Faktor für das Image eines Unternehmens. Denn wenn Kunden eine positive Beziehung zu einem Unternehmen haben, werden sie dieses auch positiv wahrnehmen und weiterempfehlen.

Unternehmen sollten ihren Kunden zeigen, dass sie ihnen mehr bieten als nur ein Produkt oder eine Dienstleistung.

2.) Die Psychologie des Kaufverhaltens

Das Kaufverhalten von Menschen ist ein komplexes Thema, das von vielen Faktoren beeinflusst wird. Die Psychologie spielt dabei eine wichtige Rolle, denn sie untersucht, wie Menschen denken, fühlen und handeln. In diesem Kapitel werden wir uns mit der Psychologie des Kaufverhaltens auseinandersetzen und einige wichtige Faktoren beleuchten.

Bedürfnisse und Motivationen

Menschen kaufen Produkte und Dienstleistungen, um ihre Bedürfnisse zu befriedigen. Diese Bedürfnisse können physischer oder psychologischer Natur sein. Physische Bedürfnisse sind beispielsweise Hunger, Durst oder Schlafbedarf. Psychologische Bedürfnisse hingegen sind beispielsweise das Bedürfnis nach Sicherheit, Zugehörigkeit oder Selbstverwirklichung.

Die Motivation, ein Produkt zu kaufen, kann ebenfalls unterschiedlich sein. Manche Menschen kaufen aus rein praktischen Gründen, andere aus emotionalen Gründen. Die Motivation kann auch von der Situation abhängen, in der sich der Käufer befindet. Beispielsweise kann ein Käufer in einer stressigen Situation eher dazu neigen, impulsiv zu kaufen.

Menschen haben Bedürfnisse und Motivationen, die ihr Verhalten und ihre Entscheidungen beeinflussen. Bedürfnisse sind dabei grundlegende menschliche Anforderungen, die erfüllt werden müssen, um das Überleben und Wohlbefinden zu sichern. Motivationen hingegen sind die Gründe, warum Menschen bestimmte Handlungen ausführen oder Entscheidungen treffen.

Bedürfnisse können in verschiedene Kategorien eingeteilt werden, wie zum Beispiel physiologische Bedürfnisse (wie Hunger und Durst), Sicherheitsbedürfnisse (wie Schutz und Sicherheit), soziale Bedürfnisse (wie Zugehörigkeit und Liebe), Selbstverwirklichungsbedürfnisse (wie persönliche Entwicklung und Erfüllung) und weitere. Diese Bedürfnisse können je nach Person und Situation unterschiedlich stark ausgeprägt sein.

Motivationen hingegen können durch verschiedene Faktoren beeinflusst werden. Hierzu zählen zum Beispiel intrinsische Motivationen, die aus dem eigenen Interesse und der Freude an einer Tätigkeit entstehen, sowie extrinsische Motivationen, die durch äußere Anreize wie Belohnungen oder Strafen entstehen. Auch die persönlichen Werte und Ziele einer Person können ihre Motivationen beeinflussen.

Es ist wichtig, die Bedürfnisse und Motivationen von Menschen zu verstehen, um sie besser zu erreichen und zu beeinflussen. Unternehmen können beispielsweise ihre Produkte und Dienstleistungen an den Bedürfnissen und Motivationen ihrer Zielgruppe ausrichten, um diese besser anzusprechen und zu überzeugen. Auch im Arbeitsumfeld ist es wichtig, die Bedürfnisse und Motivationen der Mitarbeiter zu berücksichtigen, um deren Leistung und Zufriedenheit zu steigern.

Allerdings ist es auch wichtig zu beachten, dass Bedürfnisse und Motivationen individuell und komplex sind. Es gibt keine allgemeingültige Lösung, um diese zu erfüllen oder zu beeinflussen. Es erfordert ein tiefes Verständnis der Zielgruppe oder Mitarbeiter und eine individuelle Herangehensweise.

Zusammenfassend lässt sich sagen, dass Bedürfnisse und Motivationen grundlegende Faktoren sind, die das Verhalten und die Entscheidungen von Menschen beeinflussen. Es ist wichtig, diese zu verstehen und zu berücksichtigen, um sie besser zu erreichen und zu beeinflussen. Allerdings erfordert dies ein individuelles und tiefes Verständnis der Zielgruppe oder Mitarbeiter.

Motivationen sind die Gründe, warum Menschen handeln. Im Verkauf geht es darum, die Motivationen des Kunden zu verstehen und zu nutzen, um ihn zum Kauf zu bewegen. Dabei kann es sich um intrinsische Motivationen wie Freude oder Neugier handeln, aber auch um extrinsische Motivationen wie Belohnungen oder Bestrafungen.

Um die Bedürfnisse und Motivationen des Kunden zu verstehen, ist es wichtig, aktiv zuzuhören und gezielte Fragen zu stellen. Nur so kann man herausfinden, was der Kunde wirklich will und welche Motivationen ihn antreiben. Dabei sollte man auch auf nonverbale Signale achten, wie Körpersprache oder Tonfall.

Sobald man die Bedürfnisse und Motivationen des Kunden kennt, kann man gezielt auf sie eingehen und ihm das passende Produkt oder die passende Dienstleistung anbieten. Dabei sollte man auch darauf achten, dass man dem Kunden einen Mehrwert bietet und ihm das Gefühl gibt, dass er mit dem Kauf seine Bedürfnisse und Motivationen befriedigen kann.

Insgesamt ist es im Verkauf wichtig, die Bedürfnisse und Motivationen des Kunden zu verstehen und gezielt darauf einzugehen. Nur so kann man ihn von einem Kauf überzeugen und ihm das passende Produkt oder die passende Dienstleistung anbieten. Dabei sollte man auch darauf achten, dem Kunden einen Mehrwert zu bieten und ihm das Gefühl zu geben, dass er mit dem Kauf seine Bedürfnisse und Motivationen befriedigen kann.

Emotionen und Stimmungen

Emotionen und Stimmungen spielen eine wichtige Rolle beim Kaufverhalten. Menschen kaufen oft aus emotionalen Gründen, wie beispielsweise Freude, Glück oder Belohnung. Aber auch negative Emotionen wie Angst oder Traurigkeit können das Kaufverhalten beeinflussen. Beispielsweise können Menschen in einer stressigen Situation eher dazu neigen, Trost durch Shopping zu suchen.

Stimmungen können ebenfalls das Kaufverhalten beeinflussen. Eine positive Stimmung kann dazu führen, dass Menschen eher bereit sind, Geld auszugeben. Eine negative Stimmung hingegen kann dazu führen, dass Menschen eher sparsam sind.

Emotionen und Stimmungen spielen eine wichtige Rolle in unserem täglichen Leben. Sie beeinflussen unser Verhalten, unsere Entscheidungen und unsere Interaktionen mit anderen Menschen. Im Verkauf sind Emotionen und Stimmungen besonders wichtig, da sie einen großen Einfluss auf den Kaufprozess haben.

Emotionen sind starke Gefühle, die durch bestimmte Ereignisse oder Situationen ausgelöst werden. Im Verkauf können Emotionen sowohl beim Kunden als auch beim Verkäufer auftreten. Beim Kunden können positive Emotionen wie Freude, Begeisterung oder Zufriedenheit dazu führen, dass er ein Produkt oder eine Dienstleistung kauft. Negative Emotionen wie Ärger, Frustration oder Enttäuschung hingegen dazu führen, dass der Kunde den Kauf abbricht oder sich für ein anderes Produkt entscheidet.

Auch der Verkäufer kann durch Emotionen beeinflusst werden. Wenn er beispielsweise gestresst oder ungeduldig ist, kann sich das auf den Kunden übertragen und ihn abschrecken. Ein Verkäufer, der hingegen freundlich und zuvorkommend ist, kann beim Kunden positive Emotionen hervorrufen und ihn zum Kauf motivieren.

Stimmungen sind langanhaltende emotionale Zustände, die nicht unbedingt durch bestimmte Ereignisse oder Situationen ausgelöst werden. Im Verkauf können Stimmungen sowohl beim Kunden als auch beim Verkäufer eine Rolle spielen. Wenn der Kunde beispielsweise in einer guten Stimmung ist, kann er eher dazu geneigt sein, ein Produkt oder eine Dienstleistung zu kaufen. Wenn er hingegen in einer schlechten Stimmung ist, kann er eher dazu geneigt sein, den Kauf abzubrechen oder sich für ein anderes Produkt zu entscheiden.

Auch der Verkäufer kann durch seine Stimmung beeinflusst werden. Wenn er beispielsweise in einer schlechten Stimmung ist, kann er weniger motiviert sein, den Kunden zu überzeugen und ihm das passende Produkt anzubieten. Wenn er hingegen in einer guten Stimmung ist, kann er eher dazu geneigt sein, auf den Kunden einzugehen und ihm das passende Produkt anzubieten.

Im Verkauf ist es daher wichtig, auf Emotionen und Stimmungen zu achten und gezielt darauf einzugehen. Der Verkäufer sollte versuchen, positive Emotionen beim Kunden hervorzurufen und ihn in eine gute Stimmung zu versetzen. Dabei kann er beispielsweise auf eine freundliche und zuvorkommende Art und Weise auftreten und dem Kunden das Gefühl geben, dass er ihm helfen möchte. Auch eine angenehme Atmosphäre im Verkaufsraum kann dazu beitragen, dass der Kunde in eine positive Stimmung versetzt wird.

Insgesamt spielen Emotionen und Stimmungen eine wichtige Rolle im Verkauf. Der Verkäufer sollte darauf achten, positive Emotionen beim Kunden hervorzurufen und ihn in eine gute Stimmung zu versetzen. Auch seine eigene Stimmung und Emotionen können einen großen

Einfluss auf den Kaufprozess haben und sollten daher gezielt gesteuert werden.

Soziale Einflüsse

Soziale Einflüsse können ebenfalls das Kaufverhalten beeinflussen. Menschen orientieren sich oft an anderen Menschen und lassen sich von deren Meinungen und Verhaltensweisen beeinflussen. Beispielsweise kann die Meinung von Freunden oder Familie das Kaufverhalten beeinflussen. Auch Werbung und Marketing können soziale Einflüsse haben und das Kaufverhalten beeinflussen.

Soziale Einflüsse spielen eine wichtige Rolle in unserem täglichen Leben. Sie beeinflussen unser Verhalten, unsere Entscheidungen und unsere Interaktionen mit anderen Menschen. Im Verkauf sind soziale Einflüsse besonders wichtig, da sie einen sehr großen Einfluss auf den Kaufprozess haben können.

Soziale Einflüsse können von verschiedenen Faktoren ausgehen, wie beispielsweise von Familie, Freunden, Kollegen oder der Gesellschaft im Allgemeinen.

Ein positiver sozialer Einfluss kann beispielsweise von Freunden oder Familie ausgehen, die das Produkt oder die Dienstleistung bereits gekauft haben und davon begeistert sind. Dies kann den Kunden dazu motivieren, das Produkt ebenfalls zu kaufen. Auch positive Bewertungen oder Empfehlungen von anderen Kunden können einen positiven sozialen Einfluss haben und den Kunden zum Kauf motivieren.

Ein negativer sozialer Einfluss kann hingegen von Freunden oder Familie ausgehen, die das Produkt oder die Dienstleistung bereits gekauft haben und davon enttäuscht waren. Dies kann den Kunden dazu bringen, das Produkt nicht zu kaufen oder sich für ein anderes Produkt zu entscheiden. Auch negative Bewertungen oder Empfehlungen von anderen Kunden können einen negativen sozialen Einfluss haben und den Kunden vom Kauf abhalten.

Auch der Verkäufer kann einen sozialen Einfluss auf den Kunden haben. Wenn der Verkäufer beispielsweise freundlich und zuvorkommend ist, kann dies den Kunden dazu motivieren, das Produkt zu kaufen. Wenn der Verkäufer hingegen unfreundlich oder ungeduldig ist, kann dies den Kunden abschrecken und ihn vom Kauf abhalten.

Im Verkauf ist es daher wichtig, auf soziale Einflüsse zu achten und gezielt darauf einzugehen. Der Verkäufer sollte versuchen, positive soziale Einflüsse zu nutzen, indem er beispielsweise positive Bewertungen oder Empfehlungen von anderen Kunden hervorhebt. Auch eine angenehme Atmosphäre im Verkaufsraum kann dazu beitragen, dass der Kunde sich wohl fühlt und eher dazu geneigt ist, das Produkt zu kaufen.

Negative soziale Einflüsse sollten hingegen vermieden werden. Der Verkäufer sollte beispielsweise auf negative Bewertungen oder Empfehlungen von anderen Kunden eingehen und versuchen, die Bedenken des Kunden auszuräumen. Auch eine freundliche und zuvorkommende Art und Weise kann dazu beitragen, negative soziale Einflüsse zu minimieren.

Insgesamt spielen soziale Einflüsse eine wichtige Rolle im Verkauf. Der Verkäufer sollte darauf achten, positive soziale Einflüsse zu nutzen und negative soziale Einflüsse zu minimieren. Durch gezieltes Eingehen auf soziale Einflüsse kann der Verkäufer den Kunden besser verstehen und ihm das passende Produkt oder die passende Dienstleistung anbieten.

Soziale Einflüsse im Verkauf sind ein wichtiger Faktor, der den Erfolg eines Verkaufsprozesses beeinflussen kann. Dabei geht es um die Art und Weise, wie Menschen miteinander interagieren und wie sie aufeinander reagieren. In diesem Artikel werden wir uns mit den verschiedenen sozialen Einflüssen im Verkauf beschäftigen und wie sie den Verkaufsprozess beeinflussen können.

Soziale Einflüsse im Verkauf können auf verschiedene Arten auftreten. Eine der wichtigsten ist die soziale Norm. Diese bezieht sich auf die Erwartungen, die Menschen an das Verhalten anderer haben. Wenn ein Verkäufer beispielsweise ein Produkt empfiehlt, das von vielen anderen Kunden positiv bewertet wurde, kann dies die Kaufentscheidung des Kunden beeinflussen. Denn er geht davon aus, dass das Produkt aufgrund der positiven Bewertungen eine soziale Norm darstellt und somit eine gute Wahl ist.

Ein weiterer wichtiger sozialer Einfluss im Verkauf ist die soziale Identität. Diese bezieht sich auf die Art und Weise, wie Menschen sich selbst sehen und wie sie von anderen wahrgenommen werden möchten. Wenn ein Verkäufer beispielsweise ein Produkt als "exklusiv" oder "hochwertig" bezeichnet, kann dies die soziale Identität des Kunden ansprechen und ihn dazu motivieren, das Produkt zu kaufen, um sich selbst als Teil einer bestimmten Gruppe zu sehen.

Ein weiterer wichtiger sozialer Einfluss im Verkauf ist die soziale Macht. Diese bezieht sich auf die Fähigkeit einer Person, das Verhalten anderer zu beeinflussen. Wenn ein Verkäufer beispielsweise eine Autoritätsperson ist, wie ein Arzt oder ein Experte auf einem bestimmten Gebiet, kann dies die Kaufentscheidung des Kunden beeinflussen. Denn er geht davon aus, dass die Meinung des Verkäufers aufgrund seiner sozialen Macht eine höhere Bedeutung hat.

Ein weiterer wichtiger sozialer Einfluss im Verkauf ist die soziale Unterstützung. Diese bezieht sich auf die Unterstützung, die Menschen von anderen erhalten, wenn sie eine Entscheidung treffen. Wenn ein Verkäufer beispielsweise eine Gruppe von Kunden sieht, die sich für ein bestimmtes Produkt interessieren, kann dies die Kaufentscheidung anderer Kunden beeinflussen. Denn sie gehen davon aus, dass das Produkt aufgrund der sozialen Unterstützung eine gute Wahl ist.

Zusammenfassend lässt sich sagen, dass soziale Einflüsse im Verkauf ein wichtiger Faktor sind, der den Erfolg eines Verkaufsprozesses beeinflussen kann. Dabei geht es um die Art und Weise, wie Menschen miteinander interagieren und wie sie aufeinander reagieren. Wenn ein Verkäufer diese sozialen Einflüsse versteht und gezielt einsetzt, kann er den Verkaufsprozess erfolgreich gestalten und die Kaufentscheidung des Kunden positiv beeinflussen.

Entscheidungsprozesse

Die Entscheidungsprozesse beim Kaufverhalten sind oft komplex und können von vielen Faktoren beeinflusst werden. Menschen durchlaufen oft mehrere Phasen, bevor sie eine Kaufentscheidung treffen. Diese Phasen können beispielsweise die Informationsbeschaffung, die Bewertung von Alternativen und die eigentliche Kaufentscheidung umfassen.

Entscheidungsprozesse sind ein wichtiger Bestandteil unseres täglichen Lebens. Wir treffen ständig Entscheidungen, sei es im privaten oder beruflichen Bereich. Doch wie treffen wir Entscheidungen und welche Faktoren beeinflussen diesen Prozess? In diesem Artikel werden wir uns mit den verschiedenen Phasen des Entscheidungsprozesses und den Faktoren, die diesen beeinflussen, beschäftigen.

Die Phasen des Entscheidungsprozesses

Der Entscheidungsprozess besteht aus verschiedenen Phasen, die in der Regel in folgender Reihenfolge ablaufen:

1. Problemidentifikation: In dieser Phase wird das Problem oder die Entscheidungssituation identifiziert. Es wird festgestellt, dass eine Entscheidung getroffen werden muss.

2. Informationsbeschaffung: In dieser Phase werden Informationen gesammelt, um eine fundierte Entscheidung treffen zu können. Dabei können verschiedene Quellen genutzt werden, wie z.B. das Internet, Fachliteratur oder Expertenmeinungen.

3. Alternativen Bewertung: In dieser Phase werden verschiedene Alternativen bewertet und miteinander verglichen. Dabei werden Vor- und Nachteile abgewogen und die beste Alternative ausgewählt.

4. Entscheidung: In dieser Phase wird die Entscheidung getroffen und umgesetzt.

5. Evaluation: In dieser Phase wird die Entscheidung überprüft und bewertet. Es wird festgestellt, ob die Entscheidung erfolgreich war oder ob es Verbesserungspotential gibt.

Faktoren, die den Entscheidungsprozess beeinflussen

Der Entscheidungsprozess wird von verschiedenen Faktoren beeinflusst. Einige der wichtigsten Faktoren sind:

1. Persönliche Faktoren: Persönliche Faktoren wie Erfahrungen, Werte und Einstellungen beeinflussen den Entscheidungsprozess. Menschen treffen Entscheidungen aufgrund ihrer individuellen Persönlichkeit und Lebenserfahrungen.

2. Soziale Faktoren: Soziale Faktoren wie Gruppendruck, soziale Normen und kulturelle Unterschiede beeinflussen den Entscheidungsprozess. Menschen orientieren sich oft an anderen und passen ihr Verhalten an soziale Normen an.

3. Emotionale Faktoren: Emotionale Faktoren wie
    Angst, Freude oder Wut beeinflussen den
    Entscheidungsprozess. Emotionen können die
    Wahrnehmung und Bewertung von Informationen
    beeinflussen und somit auch die Entscheidung.

4. Situative Faktoren: Situative Faktoren wie
    Zeitdruck, Ressourcenknappheit oder Unsicherheit
    beeinflussen den Entscheidungsprozess. In
    bestimmten Situationen müssen Entscheidungen
    schnell getroffen werden, was die Qualität der
    Entscheidung beeinträchtigen kann.

*Zusammenfassend lässt sich sagen, dass der
Entscheidungsprozess ein komplexer Prozess ist, der von
verschiedenen Faktoren beeinflusst wird. Um eine fundierte
Entscheidung zu treffen, ist es wichtig, alle Phasen des
Entscheidungsprozesses zu durchlaufen und die
verschiedenen Faktoren zu berücksichtigen. Nur so kann
eine erfolgreiche Entscheidung getroffen werden.*

Die Psychologie des Kaufverhaltens ist ein komplexes Thema, das von vielen Faktoren beeinflusst wird. Bedürfnisse, Motivationen, Emotionen, Stimmungen, soziale Einflüsse und Entscheidungsprozesse spielen dabei eine wichtige Rolle. Unternehmen, die diese Faktoren verstehen und gezielt ansprechen, können ihr Marketing und ihre Verkaufsstrategien optimieren und erfolgreich sein.

3.) Die Bedeutung von Vertrauen im Verkaufsprozess

Vertrauen ist ein wichtiger Bestandteil unserer zwischenmenschlichen Beziehungen. Es ist die Grundlage für eine erfolgreiche Zusammenarbeit und ein erfülltes Leben. Doch was bedeutet Vertrauen genau und wie kann es aufgebaut werden? In diesem Kapitel werden wir uns mit dem Thema Vertrauen beschäftigen und die verschiedenen Aspekte beleuchten.

Was ist Vertrauen?

Vertrauen ist ein Begriff, der in vielen Bereichen des Lebens eine wichtige Rolle spielt. Ob in zwischenmenschlichen Beziehungen, im Geschäftsleben oder in der Politik - Vertrauen ist die Grundlage für eine erfolgreiche Zusammenarbeit und ein harmonisches Miteinander.

Doch was genau ist Vertrauen eigentlich?

Vertrauen bedeutet, dass man sich auf jemanden oder etwas verlassen kann. Es geht darum, dass man glaubt, dass der andere oder das andere zuverlässig ist und dass man sich auf seine Aussagen und Handlungen verlassen kann.

Vertrauen ist also eng mit Glaubwürdigkeit und Zuverlässigkeit verbunden. Wenn man jemandem vertraut, dann geht man davon aus, dass er oder sie die Wahrheit sagt und dass er oder sie seine Versprechen einhält. Vertrauen ist also eine Art von Sicherheit, die man in einer Beziehung oder einer Situation empfindet.

Vertrauen ist jedoch auch eine fragile Angelegenheit. Es kann schnell zerstört werden, wenn der andere oder das andere unzuverlässig ist oder wenn man das Gefühl hat, belogen oder betrogen zu werden. Wenn das Vertrauen einmal zerstört ist, kann es sehr schwer sein, es wieder aufzubauen.

Deshalb ist es wichtig, dass man in einer Beziehung oder einer Zusammenarbeit von Anfang an auf Vertrauen setzt. Man sollte sich bemühen, ehrlich und transparent zu sein und seine Versprechen einzuhalten. Nur so kann man das Vertrauen des anderen gewinnen und aufrechterhalten.

Vertrauen ist also eine wichtige Grundlage für eine erfolgreiche Zusammenarbeit und ein harmonisches Miteinander. Es geht darum, dass man sich aufeinander verlassen kann und dass man glaubt, dass der andere oder das andere zuverlässig ist. Wenn man Vertrauen aufbaut und aufrechterhält, kann man eine starke und erfolgreiche Beziehung oder Zusammenarbeit aufbauen.

Wie kann Vertrauen aufgebaut werden?

Vertrauen kann auf verschiedene Weise aufgebaut werden. Einige der wichtigsten Faktoren sind:

1. Offenheit und Ehrlichkeit: Offenheit und Ehrlichkeit sind wichtige Voraussetzungen für den Aufbau von Vertrauen. Wenn man offen und ehrlich miteinander kommuniziert, entsteht ein Gefühl der Sicherheit und des Vertrauens.

2. Verlässlichkeit: Verlässlichkeit ist ein wichtiger Faktor für den Aufbau von Vertrauen. Wenn man sich aufeinander verlassen kann und Versprechen eingehalten werden, entsteht ein Gefühl der Sicherheit und des Vertrauens.

3. Empathie: Empathie ist ein weiter wichtiger Faktor
    für den Aufbau von Vertrauen. Wenn man sich in
    die Lage des anderen hineinversetzen kann und
    Verständnis zeigt, entsteht ein Gefühl der
    Sicherheit und des Vertrauens.

*Gemeinsame Werte: Gemeinsame Werte sind ein sehr
wichtiger Faktor für den Aufbau von Vertrauen. Wenn man
gemeinsame Werte teilt und sich aufeinander verlassen
kann, entsteht ein Gefühl der Sicherheit und des
Vertrauens.*

Warum ist Vertrauen wichtig?

Vertrauen ist ein wichtiger Bestandteil unserer
zwischenmenschlichen Beziehungen und bildet die
Grundlage für eine erfolgreiche Zusammenarbeit. Ohne
Vertrauen können Beziehungen nicht aufgebaut werden
und es entsteht ein Gefühl der Unsicherheit und des
Misstrauens. Vertrauen ist auch ein wichtiger Faktor für
den Erfolg im Beruf und im privaten Leben. Wenn man sich
aufeinander verlassen kann und Vertrauen besteht,
können Ziele gemeinsam erreicht werden und es entsteht
ein Gefühl der Zufriedenheit und des Wohlbefindens.

Zusammenfassend lässt sich sagen, dass Vertrauen ein wichtiger Bestandteil unserer zwischenmenschlichen Beziehungen ist. Es bildet die Grundlage für eine erfolgreiche Zusammenarbeit und ein erfülltes Leben. Vertrauen kann auf verschiedene Weise aufgebaut werden, wie z.B. durch Offenheit, Ehrlichkeit, Verlässlichkeit, Empathie und gemeinsame Werte. Ohne Vertrauen können Beziehungen nicht aufgebaut werden und es entsteht ein Gefühl der Unsicherheit und des Misstrauens.

Vertrauen ist ein entscheidender Faktor im Verkaufsprozess. Ohne Vertrauen zwischen Käufer und Verkäufer ist es schwierig, eine erfolgreiche Geschäftsbeziehung aufzubauen. Vertrauen ist die Grundlage für eine langfristige Zusammenarbeit und eine positive Kundenbeziehung.

Vertrauen ist ein wichtiger Faktor, der den Erfolg eines Verkaufsprozesses beeinflusst. Wenn ein Kunde einem Verkäufer vertraut, ist er eher bereit, eine Kaufentscheidung zu treffen. Vertrauen ist ein wichtiger Faktor, der den Kunden dazu bringt, sich wohlzufühlen und sich auf den Verkäufer zu verlassen.

Ein Verkäufer, der das Vertrauen des Kunden gewinnen möchte, muss sich auf die Bedürfnisse des Kunden konzentrieren. Der Verkäufer muss in der Lage sein, die Bedürfnisse des Kunden zu verstehen und ihm die richtigen

Lösungen anzubieten. Der Verkäufer muss auch in der Lage sein, dem Kunden zu zeigen, dass er sich um ihn kümmert und dass er bereit ist, ihm zu helfen.

Vertrauen ist auch wichtig, um Kunden zu binden. Wenn ein Kunde einem Verkäufer vertraut, wird er eher bereit sein, wieder bei ihm zu kaufen. Ein Verkäufer, der das Vertrauen des Kunden gewinnt, wird auch eher Empfehlungen von diesem Kunden erhalten.

Vertrauen ist auch wichtig, um Kundenbeziehungen aufzubauen. Wenn ein Verkäufer das Vertrauen des Kunden gewinnt, wird er eher bereit sein, ihm persönliche Informationen zu geben. Der Verkäufer kann diese Informationen nutzen, um die Bedürfnisse des Kunden besser zu verstehen und ihm die richtigen Lösungen anzubieten.

Insgesamt ist Vertrauen ein entscheidender Faktor im Verkaufsprozess. Ein Verkäufer, der das Vertrauen des Kunden gewinnen möchte, muss sich auf die Bedürfnisse des Kunden konzentrieren und ihm die richtigen Lösungen anbieten. Der Verkäufer muss auch in der Lage sein, dem Kunden zu zeigen, dass er sich um ihn kümmert und dass er bereit ist, ihm zu helfen. Wenn ein Verkäufer das Vertrauen des Kunden gewinnt, wird er in der Lage sein, eine langfristige Geschäftsbeziehung aufzubauen und eine positive Kundenbeziehung zu pflegen.

Vertrauen im Verkauf ist ein wichtiger Faktor für den Erfolg eines Unternehmens. Kunden kaufen nicht nur ein Produkt oder eine Dienstleistung, sondern auch das Vertrauen in das Unternehmen und seine Mitarbeiter. Vertrauen ist die Basis für eine langfristige Kundenbeziehung und kann dazu beitragen, dass Kunden immer wieder bei einem Unternehmen kaufen.

Vertrauen kann auf verschiedene Weise aufgebaut werden. Eine Möglichkeit ist, ehrlich und transparent zu sein. Kunden schätzen es, wenn sie wissen, was sie kaufen und welche Bedingungen damit verbunden sind. Wenn ein Unternehmen seine Kunden über die Vor- und Nachteile eines Produkts oder einer Dienstleistung informiert, schafft es Vertrauen und zeigt, dass es sich um das Wohl des Kunden kümmert.

Ein weiterer wichtiger Faktor ist die Kompetenz der Mitarbeiter. Kunden vertrauen einem Unternehmen, wenn sie das Gefühl haben, dass die Mitarbeiter wissen, wovon sie sprechen. Schulungen und Weiterbildungen können dazu beitragen, dass Mitarbeiter ihr Wissen und ihre Fähigkeiten verbessern und somit das Vertrauen der Kunden gewinnen.

Auch die Erfüllung von Versprechen und Zusagen ist ein wichtiger Faktor für das Vertrauen der Kunden. Wenn ein Unternehmen beispielsweise verspricht, dass ein Produkt innerhalb von 24 Stunden geliefert wird, sollte es dieses Versprechen auch einhalten. Wenn ein Unternehmen seine Zusagen nicht einhält, verliert es das Vertrauen der Kunden und kann langfristig Schaden nehmen.

Ein weiterer wichtiger Faktor ist die Kundenorientierung. Kunden schätzen es, wenn sie das Gefühl haben, dass ein Unternehmen sich um ihre Bedürfnisse und Wünsche kümmert. Wenn ein Unternehmen auf die Bedürfnisse der Kunden eingeht und Lösungen für ihre Probleme anbietet, schafft es Vertrauen und zeigt, dass es sich um das Wohl der Kunden kümmert.

Insgesamt ist Vertrauen im Verkauf ein wichtiger Faktor für den Erfolg eines Unternehmens. Es kann auf verschiedene Weise aufgebaut werden, indem man ehrlich und transparent ist, die Kompetenz der Mitarbeiter verbessert, Versprechen und Zusagen einhält und sich auf die Bedürfnisse der Kunden konzentriert. Wenn ein Unternehmen das Vertrauen seiner Kunden gewinnt, kann es langfristige Kundenbeziehungen aufbauen und erfolgreich sein.

4.) Die Kunst des Zuhörens:

Wie man Kundenbedürfnisse erkennt

Die Kunst des Zuhörens ist eine Fähigkeit, die in unserer heutigen schnelllebigen Welt oft vernachlässigt wird. Wir sind so sehr damit beschäftigt, unsere eigenen Gedanken und Meinungen auszudrücken, dass wir oft vergessen, anderen zuzuhören. Doch Zuhören ist eine wichtige Fähigkeit, die in vielen Bereichen des Lebens von Vorteil sein kann.

In der zwischenmenschlichen Kommunikation ist Zuhören ein wichtiger Faktor für eine erfolgreiche Beziehung. Wenn wir anderen zuhören, zeigen wir ihnen, dass wir sie respektieren und wertschätzen. Wir können ihre Bedürfnisse und Wünsche besser verstehen und darauf eingehen. Wenn wir hingegen nur darauf bedacht sind, unsere eigenen Gedanken und Meinungen auszudrücken, kann dies zu Missverständnissen und Konflikten führen.

Auch im Berufsleben ist Zuhören eine wichtige Fähigkeit. Wenn wir unseren Kollegen und Vorgesetzten zuhören, können wir ihre Erwartungen und Anforderungen besser verstehen und darauf reagieren. Wir können auch von ihren Erfahrungen und Kenntnissen profitieren und unser eigenes Wissen erweitern. Wenn wir hingegen nur darauf bedacht sind, unsere eigenen Ideen und Meinungen durchzusetzen, können wir wichtige Informationen verpassen und uns selbst und unser Unternehmen schaden.

Die Kunst des Zuhörens erfordert Geduld und Konzentration. Wir müssen uns bewusst darauf konzentrieren, was unser Gesprächspartner sagt, und uns von Ablenkungen wie unserem Handy oder anderen Gedanken fernhalten. Wir sollten auch darauf achten, unsere eigenen Vorurteile und Annahmen beiseitezulegen und uns auf die Perspektive unseres Gesprächspartners einzulassen.

Aktives Zuhören ist eine Technik, die uns helfen kann, unsere Zuhörfähigkeiten zu verbessern. Dabei wiederholen wir in eigenen Worten, was unser Gesprächspartner gesagt hat, um sicherzustellen, dass wir es richtig verstanden haben. Wir können auch Fragen stellen, um weitere Informationen zu erhalten und unser Verständnis zu vertiefen.

Insgesamt ist die Kunst des Zuhörens eine wichtige Fähigkeit, die in allen Bereichen des Lebens von Vorteil sein kann. Wenn wir anderen zuhören, zeigen wir ihnen Respekt und Wertschätzung und können ihre Bedürfnisse und Wünsche besser verstehen. Im Berufsleben können wir von den Erfahrungen und Kenntnissen unserer Kollegen und Vorgesetzten profitieren und sein eigenes verstehen verbessern und darauf reagieren.

Die Kunst des Zuhörens ist im Verkauf eine wichtige Fähigkeit, die oft vernachlässigt wird. Viele Verkäufer sind so sehr damit beschäftigt, ihr Produkt oder ihre Dienstleistung zu verkaufen, dass sie vergessen, auf die Bedürfnisse und Wünsche ihrer Kunden einzugehen. Doch Zuhören ist eine wichtige Fähigkeit, die im Verkauf den Unterschied zwischen einem erfolgreichen und einem erfolglosen Verkauf ausmachen.

Wenn ein Verkäufer seinen Kunden zuhört, kann er deren Bedürfnisse und Wünsche besser verstehen und darauf eingehen. Er kann herausfinden, welche Probleme der Kunde hat und welche Lösungen er benötigt. Wenn der Verkäufer hingegen nur darauf bedacht ist, sein Produkt oder seine Dienstleistung zu verkaufen, kann er wichtige Informationen verpassen und den Kunden nicht zufriedenstellen.

Aktives Zuhören ist eine Technik, die im Verkauf besonders hilfreich ist. Dabei wiederholt der Verkäufer in eigenen Worten, was der Kunde gesagt hat, um sicherzustellen, dass er es richtig verstanden hat. Er kann auch Fragen stellen, um weitere Informationen zu erhalten und sein Verständnis zu vertiefen. Durch aktives Zuhören zeigt der Verkäufer dem Kunden, dass er ihn respektiert und wertschätzt und sich um seine Bedürfnisse und Wünsche kümmert.

Insgesamt ist die Kunst des Zuhörens im Verkauf eine wichtige Fähigkeit, die den Unterschied zwischen einem erfolgreichen und einem erfolglosen Verkauf ausmachen kann. Wenn ein Verkäufer seinen Kunden zuhört, kann er deren Bedürfnisse und Wünsche besser verstehen und darauf eingehen. Durch aktives Zuhören und Empathie kann er dem Kunden das Gefühl geben, dass er verstanden wird und sich um seine Bedürfnisse und Wünsche kümmert. Wenn ein Verkäufer diese Fähigkeiten beherrscht, kann er langfristige Kundenbeziehungen aufbauen und erfolgreich sein.

Wissen erweitern.

Durch aktives Zuhören können wir unsere Zuhörfähigkeiten verbessern und erfolgreiche Beziehungen aufbauen.

In der heutigen Zeit ist es für Unternehmen von großer Bedeutung, die Bedürfnisse ihrer Kunden zu verstehen, um ihre Produkte und Dienstleistungen entsprechend anpassen zu können. Doch wie kann man sicherstellen, dass man die Bedürfnisse der Kunden wirklich versteht? Die Antwort liegt in der Kunst des Zuhörens.

Zunächst einmal ist es wichtig, dass man als Unternehmen aktiv zuhört. Das bedeutet, dass man nicht nur oberflächlich zuhört, sondern sich wirklich auf das Gesagte konzentriert und versucht, die Bedürfnisse des Kunden zu verstehen. Hierbei ist es hilfreich, offene Fragen zu stellen und den Kunden ausreden zu lassen, um ein vollständiges Bild zu erhalten.

Ein weiterer wichtiger Aspekt ist es, auf nonverbale Signale zu achten. Oftmals sagt der Kunde nicht direkt, was er möchte, sondern drückt es durch seine Körpersprache aus. Hierbei ist es wichtig, auf Gesten, Mimik und Tonfall zu achten, um die Bedürfnisse des Kunden besser zu verstehen.

Des Weiteren ist es hilfreich, sich in die Lage des Kunden zu versetzen. Indem man sich in die Lage des Kunden versetzt, kann man besser nachvollziehen, welche Bedürfnisse er hat und wie man ihm am besten helfen kann. Hierbei ist es wichtig, empathisch zu sein und sich in den Kunden hineinzuversetzen.

Ein weiterer wichtiger Aspekt ist es, die Bedürfnisse des Kunden zu priorisieren. Oftmals hat der Kunde mehrere Bedürfnisse, die er erfüllt haben möchte. Hierbei ist es wichtig, herauszufinden, welche Bedürfnisse für den Kunden am wichtigsten sind und welche Bedürfnisse weniger wichtig sind. Indem man die Bedürfnisse des

Kunden priorisiert, kann man sicherstellen, dass man die Bedürfnisse des Kunden bestmöglich erfüllt.

Ein weiterer wichtiger Aspekt ist es, die Bedürfnisse des Kunden zu dokumentieren. Hierbei ist es wichtig, alle Bedürfnisse des Kunden schriftlich festzuhalten, um sicherzustellen, dass man keine Bedürfnisse vergisst. Indem man die Bedürfnisse des Kunden dokumentiert, kann man sicherstellen, dass man die Bedürfnisse des Kunden bestmöglich erfüllt.

Ein weiterer wichtiger Aspekt ist es, die Bedürfnisse des Kunden zu kommunizieren. Hierbei ist es wichtig, dem Kunden mitzuteilen, welche Bedürfnisse man erkannt hat und wie man diese Bedürfnisse erfüllen wird. Indem man dem Kunden mitteilt, welche Bedürfnisse man erkannt hat, kann man sicherstellen, dass der Kunde sich verstanden fühlt und dass er weiß, dass man sich um seine Bedürfnisse kümmert.

Ein weiterer wichtiger Aspekt ist es, die Bedürfnisse des Kunden zu überprüfen. Hierbei ist es wichtig, regelmäßig mit dem Kunden zu kommunizieren und zu überprüfen, ob man seine Bedürfnisse bestmöglich erfüllt hat. Indem man die Bedürfnisse des Kunden regelmäßig überprüft, kann man sicherstellen, dass man die Bedürfnisse des Kunden bestmöglich erfüllt und dass der Kunde zufrieden ist.

5.) Die Bedeutung von Empathie im Verkaufsprozess

Empathie ist eine wichtige Fähigkeit, die uns ermöglicht, uns in die Lage anderer Menschen zu versetzen und ihre Perspektive zu verstehen. Es geht darum, die Gefühle und Bedürfnisse anderer zu erkennen und darauf einzugehen. Empathie ist eine Fähigkeit, die in vielen Bereichen des Lebens von Vorteil sein kann, sei es im zwischenmenschlichen Umgang, im Berufsleben oder im Umgang mit uns selbst.

In der zwischenmenschlichen Kommunikation ist Empathie ein wichtiger Faktor für eine erfolgreiche Beziehung. Wenn wir empathisch sind, können wir die Gefühle und Bedürfnisse anderer besser verstehen und darauf eingehen. Wir können uns in ihre Lage versetzen und ihnen das Gefühl geben, dass wir sie respektieren und wertschätzen.

Auch im Berufsleben ist Empathie eine wichtige Fähigkeit. Wenn wir empathisch sind, können wir die Bedürfnisse und Wünsche unserer Kunden und Kollegen besser verstehen und darauf eingehen. Wir können Lösungen für ihre Probleme finden und sie zufriedenstellen. Wenn wir nur darauf bedacht sind, unsere eigenen Ziele zu erreichen, können wir wichtige Informationen verpassen und uns selbst und unser Unternehmen schaden.

Empathie kann auch dazu beitragen, dass wir uns selbst besser verstehen und mit unseren eigenen Emotionen umgehen können. Wenn wir empathisch sind, können wir unsere eigenen Gefühle und Bedürfnisse besser erkennen und darauf eingehen. Wir können uns selbst besser akzeptieren und uns selbst gegenüber mitfühlender sein.

Empathie erfordert Geduld und Konzentration. Wir müssen uns bewusst darauf konzentrieren, was andere sagen und wie sie sich fühlen. Wir sollten auch darauf achten, unsere eigenen Vorurteile und Annahmen beiseitezulegen und uns auf die Perspektive anderer einzulassen.

Insgesamt ist Empathie eine wichtige Fähigkeit, die in vielen Bereichen des Lebens von Vorteil sein kann. Wenn wir empathisch sind, können wir die Gefühle und Bedürfnisse anderer besser verstehen und darauf eingehen. Im Berufsleben können wir Lösungen für Probleme finden und unsere Kunden und Kollegen zufriedenstellen. Durch Empathie können wir uns selbst besser verstehen und mit unseren eigenen Emotionen umgehen. Wenn wir diese Fähigkeit beherrschen, können wir erfolgreiche Beziehungen aufbauen und erfolgreich sein.

Empathie bedeutet, sich in die Lage des Kunden zu versetzen und seine Bedürfnisse und Wünsche zu verstehen. Es geht darum, eine Verbindung aufzubauen.

Ein empathischer Verkäufer hört aktiv zu und stellt gezielte Fragen, um die Bedürfnisse des Kunden zu ermitteln. Er zeigt Verständnis für die Situation des Kunden und bietet Lösungen an, die auf seine Bedürfnisse zugeschnitten sind. Ein empathischer Verkäufer geht auf die Emotionen des Kunden ein und zeigt Mitgefühl, wenn der Kunde beispielsweise frustriert oder besorgt ist.

Empathie im Verkauf kann dazu beitragen, dass Kunden sich verstanden und wertgeschätzt fühlen. Dies kann dazu führen, dass Kunden eher bereit sind, eine Kaufentscheidung zu treffen und auch in Zukunft bei dem Unternehmen zu kaufen. Empathie kann auch dazu beitragen, dass Kunden positive Bewertungen abgeben und das Unternehmen weiterempfehlen.

Es ist jedoch wichtig zu betonen, dass Empathie im Verkauf nicht manipulativ eingesetzt werden sollte. Es geht nicht darum, Kunden zu überreden oder zu überzeugen, sondern darum, eine ehrliche und authentische Verbindung herzustellen. Ein empathischer Verkäufer sollte immer die Interessen des Kunden im Blick haben und nicht nur seine eigenen Verkaufsziele verfolgen.

Empathie im Verkauf kann auch dazu beitragen, Konflikte zu lösen. Wenn ein Kunde unzufrieden ist, kann ein empathischer Verkäufer auf seine Bedenken eingehen und eine Lösung anbieten, die auf seine Bedürfnisse zugeschnitten ist. Dies kann dazu beitragen, dass der Kunde zufrieden gestellt wird und auch in Zukunft bei dem Unternehmen kaufen wird.

Insgesamt ist Empathie im Verkauf ein wichtiger Faktor, um Kunden zu gewinnen und langfristige Beziehungen aufzubauen. Ein empathischer Verkäufer zeigt Verständnis für die Bedürfnisse des Kunden und bietet Lösungen an, die auf seine Bedürfnisse zugeschnitten sind. Empathie kann dazu beitragen, dass Kunden sich verstanden und wertgeschätzt fühlen und auch in Zukunft bei dem Unternehmen kaufen werden.

6.) Die Kunst der Kommunikation:

Wie man Kunden überzeugt

Die Kunst der Kommunikation ist eine Fähigkeit, die in allen Bereichen des Lebens von entscheidender Bedeutung ist. Ob im Beruf, in der Familie oder in sozialen Situationen - eine effektive Kommunikation kann dazu beitragen, Missverständnisse zu vermeiden, Beziehungen zu stärken und Konflikte zu lösen.

Eine erfolgreiche Kommunikation erfordert mehr als nur das Sprechen und Zuhören. Es geht darum, eine Verbindung herzustellen und eine gemeinsame Basis zu finden. Hier sind einige wichtige Aspekte der Kunst der Kommunikation:

1. Aktives Zuhören: Eine effektive Kommunikation erfordert aktives Zuhören. Das bedeutet, dass man sich auf das konzentriert, was der andere sagt, und versucht, seine Perspektive zu verstehen. Es geht darum, Fragen zu stellen, um sicherzustellen, dass man die Botschaft des anderen richtig versteht.

2. Körpersprache: Die Körpersprache ist ein wichtiger Teil der Kommunikation. Sie kann dazu beitragen, die Botschaft zu verstärken oder zu schwächen. Eine offene Körperhaltung, Augenkontakt und ein

freundliches Lächeln können dazu beitragen, Vertrauen aufzubauen und eine positive Atmosphäre zu schaffen.

3. Klare Botschaften: Eine klare und präzise Botschaft ist entscheidend für eine erfolgreiche Kommunikation. Es geht darum, die Botschaft auf den Punkt zu bringen und sicherzustellen, dass der andere sie versteht. Vermeiden Sie es, um den heißen Brei herumzureden oder zu viele Informationen auf einmal zu geben.

4. Empathie: Empathie bedeutet, sich in die Lage des anderen zu versetzen und seine Perspektive zu verstehen. Es geht darum, Verständnis und Mitgefühl zu zeigen und eine Verbindung herzustellen.

5. Feedback: Feedback ist ein ebenfalls wichtiger Teil der Kommunikation. Es geht darum, Rückmeldungen zu geben und sicherzustellen, dass die Botschaft richtig verstanden wurde. Feedback kann dazu beitragen, Missverständnisse zu vermeiden und die Kommunikation zu verbessern.

Insgesamt ist die Kunst der Kommunikation eine Fähigkeit, die jeder lernen und verbessern kann. Es geht darum, aktiv zuzuhören, klare Botschaften zu senden, Empathie zu zeigen und Feedback zu geben. Eine effektive Kommunikation kann dazu beitragen, Beziehungen zu stärken, Konflikte zu lösen und erfolgreich zu sein.

Die Kunst der Kommunikation im Verkauf ist eine Fähigkeit, die für jeden Verkäufer von entscheidender Bedeutung ist. Hier sind einige wichtige Aspekte der Kunst der Kommunikation im Verkauf:

1. Aktives Zuhören: Eine effektive Kommunikation im Verkauf erfordert aktives Zuhören. Es geht darum, sich auf die Bedürfnisse und Wünsche des Kunden zu konzentrieren und sicherzustellen, dass man seine Perspektive versteht. Es ist wichtig, gezielte Fragen zu stellen, um sicherzustellen, dass man die Bedürfnisse des Kunden richtig versteht.

2. Körpersprache: Die Körpersprache ist ein wichtiger Teil der Kommunikation im Verkauf. Eine offene Körperhaltung, Augenkontakt und ein freundliches Lächeln können dazu beitragen, Vertrauen aufzubauen und eine positive Atmosphäre zu schaffen. Es ist wichtig, eine professionelle und zugängliche Körpersprache zu haben, um Kunden zu gewinnen.

3. Klare Botschaften: Eine klare und präzise Botschaft ist entscheidend für eine erfolgreiche Kommunikation im Verkauf. Es geht darum, die Vorteile des Produkts oder der Dienstleistung auf den Punkt zu bringen und sicherzustellen, dass der Kunde sie versteht. Vermeiden Sie es, um den heißen Brei herumzureden oder zu viele Informationen auf einmal zu geben.

4. Empathie: Empathie ist ein wichtiger Teil der Kommunikation im Verkauf. Es geht darum, sich in die Lage des Kunden zu versetzen und seine Perspektive zu verstehen. Es ist wichtig, Verständnis und Mitgefühl zu zeigen und eine Verbindung herzustellen.

5. Feedback: Feedback ist ein wichtiger Teil der Kommunikation im Verkauf. Es geht darum, Rückmeldungen zu geben und sicherzustellen, dass der Kunde die Botschaft richtig verstanden hat. Feedback kann dazu beitragen, Missverständnisse zu vermeiden und die Kommunikation zu verbessern.

Insgesamt ist die Kunst der Kommunikation im Verkauf eine Fähigkeit, die jeder Verkäufer lernen und verbessern kann. Es geht darum, aktiv zuzuhören, klare Botschaften zu senden, Empathie zu zeigen und Feedback zu geben. Eine effektive Kommunikation im Verkauf kann dazu beitragen, Kunden zu gewinnen, Vertrauen aufzubauen und langfristige Beziehungen aufzubauen.

Die Kunst der Kommunikation ist eine der wichtigsten Fähigkeiten, die ein Verkäufer haben sollte. Es geht darum, Kunden zu überzeugen und sie von einem Produkt oder einer Dienstleistung zu begeistern. Eine erfolgreiche Kommunikation kann den Unterschied zwischen einem erfolgreichen Verkauf und einem verlorenen Kunden ausmachen.

Die erste Regel der Kommunikation ist, aktiv zuzuhören. Ein guter Verkäufer hört aufmerksam zu und stellt gezielte Fragen, um die Bedürfnisse des Kunden zu verstehen. Nur so kann man eine Lösung anbieten, die seinen Bedürfnissen entspricht. Es ist wichtig, dem Kunden das Gefühl zu geben, dass man sich für seine Anliegen interessiert und ihm helfen möchte.

Die zweite Regel der Kommunikation ist, die Vorteile des Produkts oder der Dienstleistung zu betonen. Ein guter Verkäufer weiß, wie man die Vorteile eines Produkts oder

einer Dienstleistung in den Vordergrund stellt und dem
Kunden zeigt, wie es ihm helfen kann. Es geht darum, dem
Kunden das Gefühl zu geben, dass er mit dem Kauf des
Produkts oder der Dienstleistung einen Mehrwert erhält.

Die dritte Regel der Kommunikation ist, eine positive
Atmosphäre zu schaffen. Ein guter Verkäufer schafft eine
positive Atmosphäre, indem er freundlich und
zuvorkommend ist. Es geht darum, dem Kunden das Gefühl
zu geben, dass er willkommen ist und dass man sich um
ihn kümmert. Eine positive Atmosphäre kann den
Unterschied zwischen einem erfolgreichen Verkauf und
einem verlorenen Kunden ausmachen.

Die vierte Regel der Kommunikation ist, auf die
Bedürfnisse des Kunden einzugehen. Ein guter Verkäufer
weiß, wie man auf die Bedürfnisse des Kunden eingeht und
ihm eine Lösung anbietet, die seinen Bedürfnissen
entspricht. Es geht darum, dem Kunden das Gefühl zu
geben, dass man sich um ihn kümmert und dass man ihm
helfen möchte.

Die fünfte Regel der Kommunikation ist, Vertrauen
aufzubauen. Ein guter Verkäufer baut Vertrauen auf, indem
er ehrlich und transparent ist. Es geht darum, dem Kunden
das Gefühl zu geben, dass man ihm eine Lösung anbietet,
die seinen Bedürfnissen entspricht und dass man ihm eine

qualitativ hochwertige Dienstleistung oder ein qualitativ hochwertiges Produkt bietet.

Insgesamt ist die Kunst der Kommunikation eine der wichtigsten Fähigkeiten, die ein Verkäufer haben sollte. Es geht darum, Kunden zu überzeugen und sie von einem Produkt oder einer Dienstleistung zu begeistern. Eine erfolgreiche Kommunikation kann den Unterschied zwischen einem erfolgreichen Verkauf und einem verlorenen Kunden ausmachen.

7.) Die Bedeutung von Körpersprache im Verkaufsprozess

Körpersprache ist ein wichtig für die menschlichen
Kommunikation. Sie umfasst alle nonverbalen Signale, die
wir aussenden, wie Gesten, Mimik, Haltung und
Blickkontakt. Oftmals sagt unsere Körpersprache mehr
über unsere Gefühle und Gedanken aus als unsere Worte.

Die Bedeutung von Körpersprache ist in vielen Bereichen
des Lebens von großer Bedeutung. Im Berufsleben kann
eine positive Körpersprache dazu beitragen, dass man als
kompetent und selbstbewusst wahrgenommen wird. Eine
aufrechte Haltung und ein fester Händedruck können
beispielsweise dazu beitragen, dass man bei einem
Vorstellungsgespräch einen guten Eindruck hinterlässt.

Auch im zwischenmenschlichen Bereich spielt
Körpersprache eine wichtige Rolle. Eine offene
Körperhaltung und Blickkontakt können dazu beitragen,
dass man als sympathisch und vertrauenswürdig
wahrgenommen wird. Eine verschlossene Körperhaltung
hingegen kann dazu führen, dass man als unsicher oder
desinteressiert wahrgenommen wird.

Darüber hinaus kann Körpersprache auch dazu beitragen,
dass man die Gefühle und Gedanken anderer Menschen
besser versteht. Mimik und Gestik können beispielsweise
Hinweise darauf geben, ob jemand traurig, glücklich oder

verärgert ist. Auch die Art und Weise, wie jemand spricht, kann Hinweise darauf geben, wie er oder sie sich fühlt.

In der zwischenmenschlichen Kommunikation ist es daher wichtig, nicht nur auf die Worte des Gegenübers zu achten, sondern auch auf seine Körpersprache. Eine bewusste Verwendung von Körpersprache kann dazu beitragen, dass man seine Botschaften klarer und überzeugender vermittelt.

Insgesamt ist die Bedeutung von Körpersprache nicht zu unterschätzen. Sie trägt dazu bei, dass man in verschiedenen Bereichen des Lebens erfolgreicher ist und eine bessere zwischenmenschliche Verbindung aufbaut. Es lohnt sich daher, sich bewusst mit seiner eigenen Körpersprache auseinanderzusetzen und auch die Körpersprache anderer Menschen zu beobachten und zu interpretieren.

Körpersprache spielt auch im Verkauf eine Rolle. Verkäufer, die ihre Körpersprache bewusst einsetzen, können ihre Kunden besser verstehen und überzeugen. Eine positive Körpersprache kann dazu beitragen, dass Kunden Vertrauen aufbauen und sich für ein Produkt oder eine Dienstleistung entscheiden.

Eine offene Körperhaltung und ein freundliches Lächeln können dazu beitragen, dass Kunden sich wohl und willkommen fühlen. Ein fester Händedruck und Blickkontakt können dazu beitragen, dass Kunden

Vertrauen in den Verkäufer und das Produkt haben. Eine aufrechte Körperhaltung und eine ruhige Stimme können dazu beitragen, dass der Verkäufer kompetent und selbstbewusst wirkt.

Darüber hinaus kann die Körpersprache des Kunden Hinweise darauf geben, ob er oder sie interessiert oder desinteressiert ist. Eine abgewandte Körperhaltung oder ein mangelnder Blickkontakt können darauf hinweisen, dass der Kunde nicht interessiert ist. Eine offene Körperhaltung und ein aktiver Blickkontakt hingegen können darauf hinweisen, dass der Kunde interessiert ist und bereit ist, mehr über das Produkt oder die Dienstleistung zu erfahren.

Verkäufer sollten daher darauf achten, ihre eigene Körpersprache bewusst einzusetzen und auch die Körpersprache des Kunden zu beobachten und zu interpretieren. Eine bewusste Verwendung von Körpersprache kann dazu beitragen, dass Verkäufer ihre Kunden besser verstehen und überzeugen können.

Die erste Regel der Körpersprache ist, eine aufrechte Haltung zu haben. Ein guter Verkäufer steht aufrecht und strahlt Selbstbewusstsein aus. Eine aufrechte Haltung zeigt dem Kunden, dass man selbstbewusst und kompetent ist.

Die zweite Regel der Körpersprache ist, Augenkontakt zu halten. Ein guter Verkäufer hält Augenkontakt, um dem Kunden das Gefühl zu geben, dass er ihm aufmerksam zuhört und sich für seine Anliegen interessiert. Augenkontakt zeigt auch, dass man ehrlich und transparent ist.

Die dritte Regel der Körpersprache ist, eine offene Körperhaltung zu haben. Ein guter Verkäufer hat eine offene Körperhaltung, um dem Kunden das Gefühl zu geben, dass er zugänglich und freundlich ist. Eine offene Körperhaltung zeigt auch, dass man bereit ist, dem Kunden zu helfen.

Die vierte Regel der Körpersprache ist, Gesten zu verwenden. Ein guter Verkäufer verwendet Gesten, um seine Aussagen zu unterstreichen und dem Kunden das Gefühl zu geben, dass er engagiert und leidenschaftlich ist. Gesten können auch dazu beitragen, eine positive Atmosphäre zu schaffen.

Die fünfte Regel der Körpersprache ist, auf die Körpersprache des Kunden zu achten. Ein guter Verkäufer achtet auf die Körpersprache des Kunden, um zu verstehen, wie er sich fühlt und wie er auf das Gespräch reagiert. Auf diese Weise kann man seine Verkaufsstrategie anpassen und dem Kunden eine Lösung anbieten, die seinen Bedürfnissen entspricht.

Insgesamt ist die Körpersprache ein wichtiger Bestandteil der Kommunikation im Verkaufsprozess. Eine positive Körpersprache kann das Vertrauen des Kunden gewinnen und ihn von einem Produkt oder einer Dienstleistung überzeugen. Es geht darum, eine aufrechte Haltung zu haben, Augenkontakt zu halten, eine offene Körperhaltung zu haben, Gesten zu verwenden und auf die Körpersprache des Kunden zu achten.

8.) Die Kunst des Storytellings: Wie man Kunden begeistert

Die Kunst des Storytellings ist eine der wichtigsten Fähigkeiten, die ein Verkäufer haben sollte. Es geht darum, Kunden zu begeistern und sie von einem Produkt oder einer Dienstleistung zu überzeugen, indem man eine Geschichte erzählt. Eine erfolgreiche Geschichte kann den Unterschied zwischen einem erfolgreichen Verkauf und einem verlorenen Kunden ausmachen.

Die erste Regel des Storytellings ist, eine emotionale Verbindung herzustellen. Ein guter Verkäufer erzählt eine Geschichte, die den Kunden emotional berührt und ihm das Gefühl gibt, dass er sich mit dem Produkt oder der Dienstleistung identifizieren kann. Es geht darum, dem Kunden das Gefühl zu geben, dass er Teil der Geschichte ist und dass er von dem Produkt oder der Dienstleistung profitieren kann.

Die zweite Regel des Storytellings ist, eine klare Struktur zu haben. Ein guter Verkäufer hat eine klare Struktur in seiner Geschichte, um dem Kunden das Gefühl zu geben, dass er ihm eine Lösung anbietet, die seinen Bedürfnissen entspricht. Es geht darum, dem Kunden das Gefühl zu geben, dass er eine klare Vorstellung davon hat, wie das Produkt oder die Dienstleistung ihm helfen kann.

Die dritte Regel des Storytellings ist, eine positive
Atmosphäre zu schaffen. Ein guter Verkäufer schafft eine
positive Atmosphäre, indem er eine Geschichte erzählt, die
den Kunden begeistert und ihm das Gefühl gibt, dass er
eine gute Entscheidung trifft. Es geht darum, dem Kunden
das Gefühl zu geben, dass er mit dem Kauf des Produkts
oder der Dienstleistung einen Mehrwert erhält.

Die vierte Regel des Storytellings ist, auf die Bedürfnisse
des Kunden einzugehen. Ein guter Verkäufer erzählt eine
Geschichte, die auf die Bedürfnisse des Kunden eingeht
und ihm eine Lösung anbietet, die seinen Bedürfnissen
entspricht. Es geht darum, dem Kunden das Gefühl zu
geben, dass man sich um ihn kümmert und dass man ihm
helfen möchte.

Die fünfte Regel des Storytellings ist, Vertrauen
aufzubauen. Ein guter Verkäufer baut Vertrauen auf, indem
er eine Geschichte erzählt, die ehrlich und transparent ist.
Es geht darum, dem Kunden das Gefühl zu geben, dass
man ihm eine qualitativ hochwertige Dienstleistung oder
ein qualitativ hochwertiges Produkt bietet.

*Insgesamt ist die Kunst des Storytellings eine der
wichtigsten Fähigkeiten, die ein Verkäufer haben sollte. Es
geht darum, Kunden zu begeistern und sie von einem
Produkt oder einer Dienstleistung zu überzeugen, indem
man eine Geschichte erzählt. Eine erfolgreiche Geschichte*

kann den Unterschied zwischen einem erfolgreichen Verkauf und einem verlorenen Kunden ausmachen. Es geht darum, eine emotionale Verbindung herzustellen, eine klare Struktur zu haben, eine positive Atmosphäre zu schaffen, auf die Bedürfnisse des Kunden einzugehen und Vertrauen aufzubauen.

9.) Die Bedeutung von Emotionen im Verkaufsprozess

Emotionen spielen eine entscheidende Rolle. In diesem Artikel werden wir uns genauer mit der Bedeutung von Emotionen im Verkaufsprozess auseinandersetzen.

Emotionen beeinflussen Kaufentscheidungen

Emotionen spielen eine entscheidende Rolle bei Kaufentscheidungen. Oftmals treffen wir unsere Entscheidungen nicht aufgrund von rationalen Überlegungen, sondern aufgrund von Emotionen. Unternehmen, die ihre Kunden emotional ansprechen, können daher erfolgreicher sein als solche, die nur auf rationale Argumente setzen.

Eine Studie des Marktforschungsunternehmens Nielsen hat gezeigt, dass 85% der Kaufentscheidungen aufgrund von Emotionen getroffen werden. Kunden kaufen nicht nur ein Produkt oder eine Dienstleistung, sondern auch das damit verbundene Gefühl. Ein gutes Beispiel dafür sind Luxusmarken, die oft nicht nur ein Produkt, sondern auch ein bestimmtes Lebensgefühl verkaufen.

Emotionen können auf verschiedene Weise beeinflussen, wie Kunden Kaufentscheidungen treffen. Eine positive

Stimmung kann dazu beitragen, dass Kunden eher bereit sind, viel Geld auszugeben. Eine negative Stimmung hingegen kann dazu führen, dass Kunden eher sparsam sind und weniger bereit sind, Geld auszugeben.

Auch die Art und Weise, wie ein Produkt präsentiert wird, kann die Emotionen der Kunden beeinflussen. Eine ansprechende Verpackung oder ein attraktives Design können dazu beitragen, dass Kunden positive Emotionen mit dem Produkt verbinden. Eine schlechte Verpackung oder ein unattraktives Design hingegen können dazu führen, dass Kunden negative Emotionen mit dem Produkt verbinden.

Darüber hinaus können auch Werbung und Marketing die Emotionen der Kunden beeinflussen. Eine Werbung, die positive Emotionen wie Freude oder Glück vermittelt, trägt dazu beitragen, dass Kunden das Produkt positiver wahrnehmen. Eine Werbung, die negative Emotionen wie Angst oder Traurigkeit vermittelt, hingegen kann dazu führen, dass Kunden das Produkt negativer wahrnehmen.

Insgesamt ist die Bedeutung von Emotionen bei Kaufentscheidungen nicht zu unterschätzen. Unternehmen, die ihre Kunden emotional ansprechen, können erfolgreicher sein als solche, die nur auf rationale Argumente setzen. Kunden kaufen nicht nur ein Produkt oder eine Dienstleistung, sondern auch das damit verbundene Gefühl. Unternehmen sollten daher darauf achten, ihre Produkte und Dienstleistungen auf eine Weise zu präsentieren, die positive Emotionen bei ihren Kunden hervorruft.

Kunden treffen ihre Kaufentscheidungen nicht nur aufgrund von rationalen Überlegungen, sondern auch aufgrund von Emotionen. Wenn ein Kunde beispielsweise ein Produkt sieht, das ihm gefällt und das positive Emotionen auslöst, ist er eher bereit, es zu kaufen.

Emotionen schaffen Vertrauen

Emotionen können uns helfen, Vertrauen aufzubauen, indem sie uns zeigen, dass wir uns auf jemanden verlassen können. Wenn wir positive Emotionen wie Freude, Glück oder Zufriedenheit empfinden, fühlen wir uns sicher und geborgen. Wir haben das Gefühl, dass wir uns auf die Person verlassen können, die uns diese Emotionen vermittelt hat.

Aber auch negative Emotionen können Vertrauen schaffen. Wenn wir uns verletzlich fühlen und jemand uns tröstet oder uns hilft, fühlen wir uns verstanden und unterstützt. Wir haben das Gefühl, dass wir uns auf diese Person verlassen können, wenn wir in schwierigen Situationen sind.

Emotionen können auch dazu beitragen, dass wir uns mit anderen verbunden fühlen. Wenn wir gemeinsam positive Emotionen erleben, wie zum Beispiel bei einem lustigen Abend mit Freunden, fühlen wir uns enger miteinander verbunden. Wir haben das Gefühl, dass wir uns aufeinander verlassen können und dass wir gemeinsam schwierige Situationen meistern können.

Um Vertrauen aufzubauen, ist es wichtig, authentisch zu sein und unsere Emotionen zu zeigen. Wenn wir unsere Emotionen verbergen oder unterdrücken, können wir das Vertrauen anderer nicht gewinnen. Wenn wir jedoch unsere Emotionen zeigen und uns verletzlich machen, können wir das Vertrauen anderer gewinnen und eine tiefere Beziehung aufbauen.

In Geschäftsbeziehungen kann das Schaffen von Emotionen ebenfalls dazu beitragen, Vertrauen aufzubauen. Wenn ein Unternehmen seinen Kunden positive Emotionen vermittelt, wie zum Beispiel durch einen hervorragenden Kundenservice oder ein qualitativ hochwertiges Produkt, fühlen sich die Kunden sicher und geborgen. Sie haben das Gefühl, dass sie sich auf das Unternehmen verlassen können und sind eher bereit, wieder Geschäfte mit dem Unternehmen zu machen.

Insgesamt ist es wichtig, als Verkäufer Emotionen zu schaffen, um Vertrauen aufzubauen und eine Beziehung zu potenziellen Kunden aufzubauen. Indem man empathisch ist, Geschichten erzählt und Lösungen für Bedenken oder Ängste anbietet, kann man eine positive emotionale Verbindung zwischen dem Verkäufer und dem Kunden schaffen. Dies erhöht die Wahrscheinlichkeit, dass der Kunde kauft und eine langfristige

Emotionen können den Preis beeinflussen

Emotionen können auch den Preis beeinflussen, den ein Kunde bereit ist, für ein Produkt zu zahlen. Wenn ein Kunde positive Emotionen mit einem Produkt verbindet, ist er eher bereit, einen höheren Preis dafür zu zahlen. Wenn ein Verkäufer in der Lage ist, positive Emotionen bei einem Kunden auszulösen, kann er den Preis für ein Produkt erhöhen und dennoch erfolgreich verkaufen.

Emotionen bei einem Kunden auszulösen, kann er Vertrauen aufbauen, den Preis beeinflussen und Kundenbindung schaffen. Es ist daher wichtig, dass Verkäufer verstehen, wie Emotionen im Verkaufsprozess funktionieren und wie sie sie zu ihrem Vorteil nutzen können.

10.) Die Kunst der Argumentation:

Wie man Kunden überzeugt

In der Welt des Verkaufs ist die Kunst der Argumentation von entscheidender Bedeutung. Es geht darum, Kunden zu überzeugen, dass das Produkt oder die Dienstleistung, die Sie anbieten, die beste Wahl für sie ist. In diesem Artikel werden wir uns genauer mit der Kunst der Argumentation auseinandersetzen und Ihnen einige Tipps geben, wie Sie Kunden überzeugen können.

Kenn dein Produkt

Im Verkauf ist es von entscheidender Bedeutung, dass man sein Produkt oder seine Dienstleistung in- und auswendig kennt. Nur so kann man potenzielle Kunden überzeugen und von den Vorteilen des Produkts überzeugen.

Doch warum ist es so wichtig, sein Produkt gut zu kennen? Zum einen kann man nur so auf die Fragen und Bedenken der Kunden eingehen und ihnen gezielt die Vorteile des Produkts aufzeigen. Zum anderen kann man nur so eine Vertrauensbasis aufbauen und glaubwürdig wirken.

Wenn man sein Produkt gut kennt, kann man auch gezielt auf die Bedürfnisse und Wünsche der Kunden eingehen. Man kann ihnen zeigen, wie das Produkt ihre Probleme lösen kann und welche Vorteile es bietet. Wenn man hingegen nicht genau weiß, was das Produkt kann und welche Vorteile es bietet, wird es schwer, potenzielle Kunden zu überzeugen.

Ein weiterer Vorteil, wenn man sein Produkt gut kennt, ist, dass man glaubwürdig wirkt. Wenn man selbst von den Vorteilen des Produkts überzeugt ist und diese auch glaubhaft vermitteln kann, wird man von den Kunden als vertrauenswürdig wahrgenommen. Man kann ihnen zeigen, dass man selbst an das Produkt glaubt und dass man es auch selbst nutzen würde.

Doch wie kann man sein Produkt am besten kennenlernen? Zum einen sollte man sich intensiv mit den Produktdetails und den Vorteilen auseinandersetzen. Man sollte sich auch mit der Konkurrenz und den Marktbedingungen vertraut machen. Zum anderen kann man auch Schulungen und Trainings besuchen, um das Produkt besser kennenzulernen und sich gezielt auf den Verkauf vorzubereiten.

Insgesamt ist es also von großer Bedeutung, dass man sein Produkt im Verkauf gut kennt. Nur so kann man potenzielle Kunden überzeugen und eine erfolgreiche

Zusammenarbeit aufbauen. Wer sein Produkt gut kennt, kann gezielt auf die Bedürfnisse und Wünsche der Kunden eingehen und glaubwürdig wirken.

Warum ist es wichtig, sein Produkt im Verkauf zu kennen?

1. Vertrauen aufbauen: Wenn ein Verkäufer sein Produkt oder seine Dienstleistung gut kennt, kann er potenziellen Kunden alle Fragen beantworten und Bedenken aus dem Weg räumen. Dies schafft Vertrauen und erhöht die Wahrscheinlichkeit, dass der Kunde kauft.

2. Überzeugungskraft: Wenn ein Verkäufer sein Produkt oder seine Dienstleistung gut kennt, kann er potenzielle Kunden von den Vorteilen überzeugen. Er kann zeigen, wie das Produkt oder die Dienstleistung ihre Bedürfnisse erfüllt und warum es besser ist als die Konkurrenz.

3. Kundenzufriedenheit: Wenn ein Verkäufer sein Produkt oder seine Dienstleistung gut kennt, kann er sicherstellen, dass der Kunde das richtige Produkt oder die richtige Dienstleistung für seine Bedürfnisse auswählt. Dies führt zu einer höheren Kundenzufriedenheit und einer geringeren Rücksendungsrate.

Wie kann man sein Produktwissen effektiv einsetzen?

1. Lernen Sie alles über Ihr Produkt oder Ihre Dienstleistung: Lesen Sie die Produktbeschreibung, die technischen Daten und alle anderen verfügbaren Informationen. Testen Sie das Produkt oder die Dienstleistung selbst, um ein besseres Verständnis zu bekommen.

2. Identifizieren Sie die Vorteile: Überlegen Sie, welche Vorteile das Produkt oder die Dienstleistung bietet und wie es die Bedürfnisse des Kunden erfüllt. Stellen Sie sicher, dass Sie diese Vorteile klar und prägnant kommunizieren können.

3. Passen Sie Ihre Argumentation an den Kunden an: Jeder Kunde hat unterschiedliche Bedürfnisse und Anforderungen. Passen Sie Ihre Argumentation an den Kunden an und zeigen Sie, wie das Produkt oder die Dienstleistung seine spezifischen Bedürfnisse erfüllt.

4. Seien Sie ehrlich: Wenn es Einschränkungen oder Nachteile gibt, seien Sie ehrlich und transparent. Zeigen Sie, dass Sie das Vertrauen des Kunden

schätzen und dass Sie ihm helfen möchten, die beste Entscheidung zu treffen.

Insgesamt ist es unerlässlich, sein Produkt oder seine Dienstleistung im Verkauf gut zu kennen. Nur so kann man potenzielle Kunden überzeugen, Vertrauen aufbauen und eine langfristige Beziehung aufbauen. Indem man alles über das Produkt oder die Dienstleistung lernt, die Vorteile identifiziert, die Argumentation an den Kunden anpasst und ehrlich ist, kann man sein Produktwissen effektiv einsetzen und erfolgreich verkaufen. Sie müssen in der Lage sein, alle Vorteile und Funktionen zu erklären und zu demonstrieren, wie es dem Kunden helfen kann. Wenn Sie das Produkt oder die Dienstleistung nicht verstehen, wird es schwierig sein, Kunden zu überzeugen.

Kenn deine Zielgruppe

Im heutigen Zeitalter des Online-Shoppings ist es wichtiger denn je, die Zielgruppe deines Unternehmens zu kennen. Nur so kannst du sicherstellen, dass du die richtigen Produkte anbietest und deine Marketingstrategien auf die Bedürfnisse deiner Kunden abgestimmt sind. In diesem Abschnitt werden wir uns mit dem Konzept "Kenne deine Zielgruppe" im E-Commerce beschäftigen und dir zeigen, wie du dieses Wissen nutzen kannst, um deinen Umsatz zu steigern.

Zunächst einmal solltest du dir bewusst machen, dass es nicht ausreicht, einfach nur zu wissen, wer deine Zielgruppe ist. Du musst auch verstehen, was sie bewegt, welche Bedürfnisse sie haben und welche Probleme sie lösen möchten. Nur so kannst du sicherstellen, dass du die richtigen Produkte anbietest und deine Marketingstrategien auf die Bedürfnisse deiner Kunden abgestimmt sind.

Um deine Zielgruppe besser kennenzulernen, solltest du dich mit ihren Interessen und Vorlieben auseinandersetzen. Nutze hierfür Social-Media-Plattformen wie Facebook, Instagram oder Twitter, und weitere um herauszufinden, welche Themen und Trends deine Zielgruppe interessieren. Analysiere auch die Suchanfragen auf deiner Website, um herauszufinden, wonach deine Kunden suchen und welche Produkte sie bevorzugen.

Ein weiterer wichtiger Faktor ist das Alter deiner Zielgruppe. Jüngere Kunden bevorzugen oft trendige und innovative Produkte, während ältere Kunden eher auf Qualität und Langlebigkeit achten. Auch das Einkommen und der Bildungsstand deiner Zielgruppe spielen eine Rolle bei der Produktauswahl. Kunden mit höherem Einkommen sind oft bereit, mehr Geld für hochwertige Produkte auszugeben, während Kunden mit niedrigerem Einkommen eher auf preiswerte Produkte achten.

Sobald du deine Zielgruppe besser kennst, kannst du deine Marketingstrategien darauf abstimmen. Nutze Social-Media-Plattformen, um gezielte Werbung zu schalten und deine Produkte zu bewerben. Erstelle auch personalisierte E-Mail-Kampagnen, um deine Kunden über neue Produkte und Angebote zu informieren.

Ein weiterer wichtiger Faktor ist die Gestaltung deiner Website. Stelle sicher, dass deine Website benutzerfreundlich ist und dass die Navigation einfach und intuitiv ist. Verwende auch hochwertige Bilder und Videos, um deine Produkte zu präsentieren und die Aufmerksamkeit deiner Kunden zu gewinnen.

Zusammenfassend lässt sich sagen, dass es im E-Commerce unerlässlich ist, deine Zielgruppe zu kennen. Nur so kannst du sicherstellen, dass du die richtigen Produkte anbietest und deine Marketingstrategien auf die Bedürfnisse deiner Kunden abgestimmt sind. Nutze Social-Media-Plattformen, um deine Zielgruppe besser kennenzulernen, und passe deine Marketingstrategien entsprechend an. Stelle auch sicher, dass deine Website benutzerfreundlich ist und dass die Navigation einfach und intuitiv ist. Wenn du diese Tipps befolgst, wirst du in der Lage sein, deinen Umsatz zu steigern und deine Kundenbindung zu verbessern.

Verwenden Sie Fakten und Statistiken

Fakten und Statistiken sind ein wichtiger Bestandteil des Verkaufsprozesses. Sie helfen dabei, das Vertrauen der Kunden zu gewinnen und ihre Kaufentscheidungen zu beeinflussen. In diesem Teil werden wir uns mit der Bedeutung von Fakten und Statistiken im Verkauf beschäftigen und dir zeigen, wie du sie effektiv einsetzen kannst, um deine Verkaufszahlen zu steigern.

Fakten und Statistiken sind ein wichtiger Bestandteil des Verkaufsprozesses, da sie dazu beitragen, das Vertrauen der Kunden zu gewinnen. Wenn du beispielsweise ein neues Produkt auf den Markt bringst, können Fakten und Statistiken dazu beitragen, die Vorteile des Produkts zu verdeutlichen und die Kunden davon zu überzeugen, dass es sich lohnt, es zu kaufen.

Ein weiterer wichtiger Aspekt von Fakten und Statistiken ist, dass sie dazu beitragen können, die Glaubwürdigkeit deines Unternehmens zu stärken. Wenn du beispielsweise eine Studie zitierst, die belegt, dass dein Produkt besser ist als das der Konkurrenz, wird dies dazu beitragen, das Vertrauen der Kunden in dein Unternehmen zu stärken.

Um Fakten und Statistiken effektiv im Verkauf einzusetzen, solltest du sicherstellen, dass sie relevant und glaubwürdig sind. Verwende nur Fakten und Statistiken, die sich auf dein Produkt oder deine Dienstleistung beziehen und die von einer vertrauenswürdigen Quelle stammen. Vermeide es, Fakten und Statistiken zu verwenden, die veraltet oder ungenau sind, da dies das Vertrauen der Kunden in dein Unternehmen beeinträchtigen kann.

Ein weiterer wichtiger Aspekt ist die Art und Weise, wie du Fakten und Statistiken präsentierst. Verwende klare und prägnante Aussagen, die leicht verständlich sind. Vermeide es, zu viele Zahlen und Daten zu verwenden, da dies die Kunden überfordern und verwirren kann. Verwende auch visuelle Hilfsmittel wie Diagramme und Grafiken, um die Fakten und Statistiken zu veranschaulichen und die Aufmerksamkeit der Kunden zu gewinnen.

Zusammenfassend lässt sich sagen, dass Fakten und Statistiken ein wichtiger Bestandteil des Verkaufsprozesses sind. Sie helfen dabei, das Vertrauen der Kunden zu gewinnen und ihre Kaufentscheidungen zu beeinflussen. Verwende nur relevante und glaubwürdige Fakten und

Verwenden Sie Geschichten

Geschichten sind ein mächtiges Werkzeug im Verkauf. Sie helfen dabei, eine emotionale Verbindung zu den Kunden aufzubauen und ihre Kaufentscheidungen zu beeinflussen. In diesem Abschnitt werden wir uns mit der Bedeutung von Geschichten im Verkauf beschäftigen und dir zeigen, wie du sie effektiv einsetzen kannst, um deine Verkaufszahlen zu steigern.

Geschichten sind ein wichtiger Bestandteil des Verkaufsprozesses, da sie dazu beitragen, eine emotionale Verbindung zu den Kunden aufzubauen. Wenn du beispielsweise ein neues Produkt auf den Markt bringst, kannst du eine Geschichte darüber erzählen, wie du auf die Idee gekommen bist, das Produkt zu entwickeln, und welche Herausforderungen du dabei überwinden musstest. Diese Geschichte wird dazu beitragen, das Interesse der Kunden zu wecken und sie davon zu überzeugen, dass dein Produkt etwas Besonderes ist.

Ein weiterer wichtiger Aspekt von Geschichten ist, dass sie dazu beitragen können, die Kunden zu inspirieren und zu motivieren. Wenn du beispielsweise eine Geschichte darüber erzählst, wie ein Kunde dein Produkt verwendet hat, um ein Problem zu lösen oder ein Ziel zu erreichen, wird dies dazu beitragen, die Kunden davon zu überzeugen, dass dein Produkt auch für sie nützlich sein kann.

Um Geschichten effektiv im Verkauf einzusetzen, solltest du sicherstellen, dass sie relevant und authentisch sind. Verwende nur Geschichten, die sich auf dein Produkt oder deine Dienstleistung beziehen und die von einer vertrauenswürdigen Quelle stammen. Vermeide es, Geschichten zu erfinden oder zu übertreiben, da dies das Vertrauen der Kunden in dein Unternehmen beeinträchtigen kann.

Ein weiterer wichtiger Aspekt ist die Art und Weise, wie du Geschichten präsentierst. Verwende eine klare und prägnante Sprache, die leicht verständlich ist. Vermeide es, zu viele Details oder unnötige Informationen zu verwenden, da dies die Kunden überfordern und verwirren kann. Verwende auch visuelle Hilfsmittel wie Bilder und Videos, um die Geschichte zu veranschaulichen und die Aufmerksamkeit der Kunden zu gewinnen.

Zusammenfassend lässt sich sagen, dass Geschichten ein mächtiges Werkzeug im Verkauf sind. Sie helfen dabei, eine emotionale Verbindung zu den Kunden aufzubauen und ihre Kaufentscheidungen zu beeinflussen. Verwende nur relevante und authentische Geschichten und präsentiere sie auf eine klare und prägnante Art und Weise. Wenn du diese Tipps befolgst, wirst du in der Lage sein, deine Verkaufszahlen zu steigern und das Vertrauen der Kunden in dein Unternehmen zu stärken.

Verwenden Sie positive Sprache

Im Verkauf ist es von entscheidender Bedeutung, die richtigen Worte zu wählen, um potenzielle Kunden zu überzeugen. Eine positive Sprache kann dabei helfen, das Vertrauen der Kunden zu gewinnen und sie von Ihrem Produkt oder Ihrer Dienstleistung zu überzeugen.

Positive Sprache bezieht sich auf die Verwendung von Wörtern, die eine positive Stimmung erzeugen und eine optimistische Einstellung fördern. Es geht darum, die Vorteile und Chancen zu betonen, anstatt sich auf Probleme und Einschränkungen zu konzentrieren.

Ein Beispiel für positive Sprache im Verkauf ist die Verwendung von Wörtern wie "Möglichkeiten", "Vorteile", "Chancen" und "Lösungen". Diese Wörter erzeugen eine positive Stimmung und zeigen dem Kunden, dass Sie sich auf die positiven Aspekte konzentrieren.

Vermeiden Sie hingegen negative Wörter wie "Probleme", "Einschränkungen" und "Schwierigkeiten". Diese Wörter erzeugen eine negative Stimmung und können den Kunden abschrecken.

Eine weitere Möglichkeit, positive Sprache im Verkauf zu verwenden, ist die Verwendung von positiven Verstärkern. Zum Beispiel können Sie sagen: "Das ist eine großartige Wahl" oder "Das ist eine ausgezeichnete Entscheidung". Diese Verstärker ermutigen den Kunden, sich für Ihr Produkt oder Ihre Dienstleistung zu entscheiden und stärken das Vertrauen in Ihre Fähigkeiten.

Positive Sprache kann auch dazu beitragen, eine positive Beziehung zwischen Ihnen und dem Kunden aufzubauen. Indem Sie eine positive Stimmung erzeugen und sich auf die Vorteile konzentrieren, zeigen Sie dem Kunden, dass Sie sich um seine Bedürfnisse kümmern und ihm helfen möchten, die bestmögliche Entscheidung zu treffen.

Insgesamt ist die Verwendung von positiver Sprache im Verkauf ein wichtiger Faktor für den Erfolg. Indem Sie sich auf die positiven Aspekte konzentrieren und eine positive Stimmung erzeugen, können Sie das Vertrauen der Kunden gewinnen und sie von Ihrem Produkt oder Ihrer Dienstleistung überzeugen. Verwenden Sie positive Sprache, um Kunden zu überzeugen. Vermeiden Sie negative Wörter und Sätze, die Kunden abschrecken könnten. Verwenden Sie stattdessen Wörter und Sätze, die das Produkt oder die Dienstleistung in einem positiven Licht darstellen.

11.) Die Bedeutung von Nutzenargumenten im
Verkaufsprozess

Im Verkaufsprozess geht es darum, den Kunden davon zu
überzeugen, dass Ihr Produkt oder Ihre Dienstleistung die
beste Wahl für seine Bedürfnisse ist. Eine der effektivsten
Methoden, um dies zu erreichen, ist die Verwendung von
Nutzenargumenten. In diesem Teil werden wir die
Bedeutung von Nutzenargumenten im Verkaufsprozess
darstellen und wie sie Ihnen helfen können, Ihre
Verkaufszahlen zu steigern.

Was sind Nutzenargumente?

Im Verkauf geht es darum, den Kunden davon zu
überzeugen, dass das Produkt oder die Dienstleistung, die
Sie anbieten, für ihn von Wert ist. Eine Möglichkeit, dies zu
tun, ist die Verwendung von Nutzenargumenten.
Nutzenargumente sind Argumente, die die Vorteile und
den Nutzen eines Produkts oder einer Dienstleistung für
den Kunden hervorheben.

Nutzenargumente können auf verschiedene Arten
präsentiert werden. Zum Beispiel können sie auf die
spezifischen Bedürfnisse und Wünsche des Kunden
zugeschnitten sein, um zu zeigen, wie das Produkt oder die
Dienstleistung diese erfüllen kann. Sie können auch auf die
einzigartigen Merkmale und Funktionen des Produkts oder

der Dienstleistung eingehen, um zu zeigen, wie es sich von anderen auf dem Markt unterscheidet.

Ein Beispiel für ein Nutzenargument könnte sein: "Unser Produkt spart Ihnen Zeit und Geld, indem es Ihnen ermöglicht, Ihre Aufgaben schneller und effizienter zu erledigen." Dieses Argument betont den Nutzen des Produkts für den Kunden und zeigt, wie es ihm helfen kann, seine Ziele zu erreichen.

Nutzenargumente sind wichtig, weil sie dem Kunden zeigen, wie das Produkt oder die Dienstleistung ihm helfen kann, seine Bedürfnisse und Ziele zu erfüllen. Sie helfen auch dabei, das Vertrauen des Kunden zu gewinnen, indem sie ihm zeigen, dass das Unternehmen seine Bedürfnisse versteht und ihm helfen möchte, erfolgreich zu sein.

Es gibt verschiedene Arten von Nutzenargumenten, die im Verkauf verwendet werden können. Einige Beispiele sind:

1. Kosteneinsparungen: Zeigen Sie dem Kunden, wie er durch den Kauf Ihres Produkts oder Ihrer Dienstleistung Geld sparen kann.

2. Zeitersparnis: Zeigen Sie dem Kunden, wie er durch den Kauf Ihres Produkts oder Ihrer Dienstleistung Zeit sparen kann.

3. Verbesserte Effizienz: Zeigen Sie dem Kunden, wie er durch den Kauf Ihres Produkts oder Ihrer Dienstleistung seine Arbeitsabläufe verbessern und effizienter gestalten kann.

4. Verbesserte Qualität: Zeigen Sie dem Kunden, wie er durch den Kauf Ihres Produkts oder Ihrer Dienstleistung eine höhere Qualität in seinen Arbeitsabläufen erreichen kann.

5. Erhöhte Sicherheit: Zeigen Sie dem Kunden, wie er durch den Kauf Ihres Produkts oder Ihrer Dienstleistung seine Sicherheit erhöhen kann.

Nutzenargumente sind ein wichtiger Bestandteil im Verkauf und können dazu beitragen, den Kunden davon zu überzeugen, dass das Produkt oder die Dienstleistung für ihn von Wert ist. Indem Sie sich auf die Vorteile und den Nutzen konzentrieren, die das Produkt oder die Dienstleistung bietet, können Sie das Vertrauen des Kunden gewinnen und ihn dazu bringen, eine Kaufentscheidung zu treffen.

Nutzenargumente sind Argumente, die den Kunden davon überzeugen sollen, dass Ihr Produkt oder Ihre Dienstleistung einen Nutzen für ihn hat. Sie zeigen dem Kunden, wie Ihr Produkt oder Ihre Dienstleistung seine Bedürfnisse erfüllen kann und welche Vorteile er daraus ziehen kann. Nutzenargumente sind ein wichtiger Bestandteil des Verkaufsprozesses, da sie dem Kunden helfen, eine informierte Entscheidung zu treffen.

Warum sind Nutzenargumente wichtig im Verkauf?

1. Kundenorientierung: Nutzenargumente zeigen dem Kunden, dass Sie sich auf seine Bedürfnisse und Wünsche konzentrieren. Indem Sie die Vorteile und den Nutzen des Produkts oder der Dienstleistung für den Kunden hervorheben, zeigen Sie ihm, dass Sie seine Bedürfnisse verstehen und ihm helfen möchten, seine Ziele zu erreichen.

2. Vertrauensbildung: Nutzenargumente helfen dabei, das Vertrauen des Kunden zu gewinnen. Indem Sie ihm zeigen, wie das Produkt oder die Dienstleistung ihm helfen kann, seine Bedürfnisse und Ziele zu erfüllen, zeigen Sie ihm, dass Sie seine Interessen im Blick haben und ihm helfen möchten, erfolgreich zu sein.

3. Unterscheidung von der Konkurrenz: Nutzenargumente helfen dabei, sich von der Konkurrenz abzuheben. Indem Sie die einzigartigen Merkmale und Funktionen des Produkts oder der Dienstleistung hervorheben und zeigen, wie sie sich von anderen auf dem Markt unterscheiden, können Sie dem Kunden zeigen, warum er sich für Ihr Produkt oder Ihre Dienstleistung entscheiden sollte.

4. Kaufentscheidung: Nutzenargumente sind ein wichtiger Faktor bei der Kaufentscheidung des Kunden. Indem Sie ihm zeigen, wie das Produkt oder die Dienstleistung ihm helfen kann, seine Bedürfnisse und Ziele zu erfüllen, können Sie ihn dazu bringen, eine Kaufentscheidung zu treffen.

5. Kundenbindung: Nutzenargumente helfen dabei, die Kundenbindung zu stärken. Indem Sie dem Kunden zeigen, wie das Produkt oder die Dienstleistung ihm geholfen hat, seine Bedürfnisse und Ziele zu erfüllen, können Sie ihn dazu bringen, wieder bei Ihnen zu kaufen und Sie weiterzuempfehlen.

Insgesamt sind Nutzenargumente ein wichtiger Bestandteil im Verkauf. Sie helfen dabei, das Vertrauen des Kunden zu gewinnen, ihn von Ihrem Produkt oder Ihrer Dienstleistung zu überzeugen und ihn dazu zu bringen, eine Kaufentscheidung zu treffen. Indem Sie sich auf die Vorteile und den Nutzen konzentrieren, die das Produkt oder die Dienstleistung bietet, können Sie eine langfristige Kundenbeziehung aufbauen und erfolgreich im Verkauf sein.

Nutzenargumente sind wichtig, weil sie dem Kunden zeigen, wie Ihr Produkt oder Ihre Dienstleistung ihm helfen kann. Sie helfen dem Kunden, die Vorteile Ihres Produkts oder Ihrer Dienstleistung zu verstehen und wie es seine Bedürfnisse erfüllen kann. Wenn der Kunde den Nutzen Ihres Produkts oder Ihrer Dienstleistung versteht, ist er eher bereit, es zu kaufen.

Wie können Sie Nutzenargumente verwenden?

Nutzenargumente sind dabei ein wichtiger Bestandteil, um den Kunden von Ihrem Angebot zu überzeugen. In diesem Artikel erfahren Sie, wie Sie Nutzenargumente im Verkauf erfolgreich einsetzen können.

1.   Verstehen Sie die Bedürfnisse des Kunden

Bevor Sie Nutzenargumente verwenden können, müssen Sie die Bedürfnisse des Kunden verstehen. Nur wenn Sie wissen, was der Kunde benötigt, können Sie ihm auch den Nutzen Ihres Angebots vermitteln. Stellen Sie daher gezielte Fragen, um die Bedürfnisse des Kunden zu ermitteln und passen Sie Ihr Angebot entsprechend an.

2.   Betonen Sie die Vorteile

Nutzenargumente sind nichts anderes als die Vorteile, die der Kunde durch Ihr Angebot erhält. Betonen Sie daher die Vorteile Ihres Produkts oder Ihrer Dienstleistung und zeigen Sie auf, wie diese dem Kunden helfen können. Vermeiden Sie dabei jedoch technische Details oder Fachbegriffe, die der Kunde nicht versteht.

3.   Verwenden Sie konkrete Beispiele

Konkrete Beispiele helfen dem Kunden, sich den Nutzen Ihres Angebots besser vorstellen zu können. Verwenden Sie daher Beispiele aus der Praxis, die zeigen, wie Ihr Angebot bereits anderen Kunden geholfen hat. So kann der Kunde sich besser vorstellen, wie er von Ihrem Angebot profitieren kann.

4. Vergleichen Sie mit anderen Angeboten

Ein Vergleich mit anderen Angeboten kann dem Kunden helfen, den Nutzen Ihres Angebots besser zu verstehen. Zeigen Sie auf, wie sich Ihr Angebot von anderen unterscheidet und welche Vorteile es bietet. Dabei sollten Sie jedoch darauf achten, nicht negativ über andere Anbieter zu sprechen.

5. Nutzen Sie emotionale Argumente

Emotionale Argumente können den Kunden ebenfalls davon überzeugen, dass Ihr Angebot für ihn von Nutzen ist. Zeigen Sie auf, wie Ihr Angebot dem Kunden helfen kann, seine Ziele zu erreichen oder seine Probleme zu lösen. Dabei sollten Sie jedoch darauf achten, nicht zu übertreiben oder falsche Versprechungen zu machen.

Nutzenargumente sind ein wichtiger Bestandteil im Verkauf. Sie helfen dem Kunden zu verstehen, wie er von Ihrem Angebot profitieren kann. Verstehen Sie die Bedürfnisse des Kunden, betonen Sie die Vorteile, verwenden Sie konkrete Beispiele, vergleichen Sie mit anderen Angeboten und nutzen Sie emotionale Argumente, um den Kunden von Ihrem Angebot zu überzeugen. So können Sie erfolgreich im Verkauf sein und langfristige Kundenbeziehungen aufbauen.

12.) Die Kunst der Preisverhandlung:

Wie man Kunden überzeugt

Preisverhandlungen gehören zu den schwierigsten Aufgaben im Verkauf. Es ist eine Kunst, den Kunden davon zu überzeugen, dass der Preis angemessen ist und dass er den Wert des Produkts oder der Dienstleistung erhält. In diesem Artikel werden wir einige Tipps und Tricks besprechen, die Ihnen helfen können, Ihre Preisverhandlungsfähigkeiten zu verbessern und Ihre Kunden zu überzeugen.

Verstehen Sie den Wert Ihres Produkts oder Ihrer Dienstleistung

Im Verkauf ist es wichtig, den Wert Ihres Produkts oder Ihrer Dienstleistung zu verstehen und zu vermitteln. Nur wenn Sie den Wert Ihres Angebots kennen, können Sie den Kunden davon überzeugen, dass es für ihn von Nutzen ist. In diesem Artikel erfahren Sie, warum es wichtig ist, den Wert Ihres Angebots zu verstehen und wie Sie ihn erfolgreich im Verkauf vermitteln können.

Warum ist es wichtig, den Wert Ihres Angebots zu verstehen?

Wenn Sie den Wert Ihres Angebots verstehen, können Sie es besser verkaufen. Sie wissen, welche Vorteile es bietet und wie es dem Kunden helfen kann. Außerdem können Sie den Preis Ihres Angebots besser rechtfertigen, wenn Sie den Wert kennen. Wenn Sie den Wert Ihres Angebots nicht verstehen, können Sie es nicht erfolgreich verkaufen und laufen Gefahr, Kunden zu verlieren.

Wie können Sie den Wert Ihres Angebots verstehen?

Um den Wert Ihres Angebots zu verstehen, müssen Sie sich in die Lage des Kunden versetzen. Stellen Sie sich die Frage, warum der Kunde Ihr Angebot kaufen sollte und welche Vorteile es ihm bietet. Analysieren Sie die Bedürfnisse des Kunden und zeigen Sie auf, wie Ihr Angebot diese Bedürfnisse erfüllen kann. Betrachten Sie auch die Konkurrenz und vergleichen Sie Ihr Angebot mit anderen Anbietern. So können Sie den Wert Ihres Angebots besser einschätzen und vermitteln.

Wie können Sie den Wert Ihres Angebots im Verkauf vermitteln?

Um den Wert Ihres Angebots im Verkauf zu vermitteln, müssen Sie die Vorteile betonen. Zeigen Sie auf, wie Ihr Angebot dem Kunden helfen kann und welche Probleme es lösen kann. Verwenden Sie konkrete Beispiele und vergleichen Sie Ihr Angebot mit anderen Anbietern. Vermeiden Sie jedoch technische Details oder Fachbegriffe, die der Kunde nicht versteht. Konzentrieren Sie sich stattdessen auf die Vorteile und den Nutzen für den Kunden.

Den Wert Ihres Angebots zu verstehen und zu vermitteln ist ein wichtiger Bestandteil im Verkauf. Nur wenn Sie den Wert kennen, können Sie es erfolgreich verkaufen und Kunden gewinnen. Analysieren Sie die Bedürfnisse des Kunden, vergleichen Sie mit anderen Anbietern und betonen Sie die Vorteile. So können Sie den Wert Ihres Angebots erfolgreich im Verkauf vermitteln und langfristige Kundenbeziehungen aufbauen.

Kenne deinen Kunden

Im Verkauf ist es von entscheidender Bedeutung, dass man seine Kunden gut kennt. Nur so kann man gezielt auf ihre Bedürfnisse und Wünsche eingehen und ihnen das passende Produkt oder die passende Dienstleistung anbieten. Doch wie kann man seine Kunden am besten kennenlernen?

Zunächst einmal ist es wichtig, dass man sich intensiv mit der Zielgruppe auseinandersetzt. Man sollte sich fragen, wer die potenziellen Kunden sind, welche Bedürfnisse und Wünsche sie haben und welche Probleme sie lösen möchten. Hierbei kann man auch auf Marktforschungsergebnisse und Statistiken zurückgreifen, um ein besseres Verständnis für die Zielgruppe zu bekommen.

Ein weiterer wichtiger Punkt ist, dass man aktiv auf die Kunden zugeht und mit ihnen ins Gespräch kommt. Hierbei kann man gezielt Fragen stellen und auf ihre Bedürfnisse und Wünsche eingehen. Man sollte sich auch Zeit nehmen, um den Kunden zuzuhören und ihre Anliegen ernst zu nehmen.

Auch das Beobachten des Kundenverhaltens kann hilfreich sein, um seine Bedürfnisse und Wünsche besser zu verstehen. Hierbei kann man beispielsweise beobachten, welche Produkte der Kunde sich ansieht oder welche Fragen er stellt.

Wenn man seine Kunden gut kennt, kann man gezielt auf ihre Bedürfnisse und Wünsche eingehen und ihnen das passende Produkt oder die passende Dienstleistung anbieten. Man kann ihnen zeigen, dass man ihre Anliegen ernst nimmt und dass man sich um ihre Zufriedenheit bemüht.

Insgesamt ist es also von großer Bedeutung, dass man seine Kunden im Verkauf gut kennt. Nur so kann man gezielt auf ihre Bedürfnisse und Wünsche eingehen und eine erfolgreiche Zusammenarbeit aufbauen. Wer seine Kunden gut kennt, kann ihnen das passende Produkt oder die passende Dienstleistung anbieten und ihre Zufriedenheit sicherstellen.

Warum ist es wichtig, den Kunden im Verkauf zu kennen?

Auch aus wirtschaftlicher Sicht ist es wichtig, den Kunden im Verkauf zu kennen. Wenn man seine Kunden gut kennt, kann man gezielt auf ihre Bedürfnisse und Wünsche eingehen und ihnen das passende Produkt oder die passende Dienstleistung anbieten. Dadurch kann man die Kundenzufriedenheit steigern und langfristige Kundenbeziehungen aufbauen. Zufriedene Kunden sind auch eher bereit, positive Bewertungen abzugeben und das Unternehmen weiterzuempfehlen, was wiederum zu mehr Umsatz führen kann.

Wie können Sie den Kunden im Verkauf analysieren?

Doch wie kann man seine Kunden im Verkauf analysieren?

Hier sind einige Beispiele:

1. Kundenumfragen: Eine Möglichkeit, um die Bedürfnisse und Wünsche der Kunden zu analysieren, sind Kundenumfragen. Hierbei kann man gezielt Fragen stellen und auf die Antworten der Kunden eingehen. Man kann beispielsweise fragen, welche Probleme der Kunde hat oder welche Funktionen er sich bei einem Produkt wünscht.

2. Kundenfeedback: Auch das Feedback der Kunden kann hilfreich sein, um ihre Bedürfnisse und Wünsche zu analysieren. Hierbei kann man beispielsweise auf Bewertungen oder Kommentare auf der eigenen Website oder auf Social-Media-Plattformen achten. Auch Beschwerden können hilfreich sein, um Schwachstellen im eigenen Angebot zu identifizieren.

3. Beobachtung des Kundenverhaltens: Eine weitere Möglichkeit, um die Bedürfnisse und Wünsche der Kunden zu analysieren, ist die Beobachtung des Kundenverhaltens. Hierbei kann man beispielsweise beobachten, welche Produkte der

Kunde sich ansieht oder welche Fragen er stellt. Auch das Kaufverhalten kann hilfreich sein, um die Bedürfnisse und Wünsche der Kunden zu analysieren.

4. Marktforschung: Auch Marktforschung kann hilfreich sein, um die Bedürfnisse und Wünsche der Kunden zu analysieren. Hierbei kann man beispielsweise auf Studien und Statistiken zurückgreifen, um ein besseres Verständnis für die Zielgruppe zu bekommen. Auch die Analyse der Konkurrenz kann hilfreich sein, um Schwachstellen im eigenen Angebot zu identifizieren.

5. Persönliche Gespräche: Persönliche Gespräche mit den Kunden können ebenfalls hilfreich sein, um ihre Bedürfnisse und Wünsche zu analysieren. Hierbei kann man gezielt Fragen stellen und auf ihre Antworten eingehen. Man kann auch Feedback einholen und Verbesserungsvorschläge entgegennehmen.

Insgesamt gibt es also verschiedene Möglichkeiten, um die Bedürfnisse und Wünsche der Kunden im Verkauf zu analysieren. Kundenumfragen, Kundenfeedback, Beobachtung des Kundenverhaltens, Marktforschung und persönliche Gespräche sind nur einige Beispiele.

Um den Kunden im Direkten Verkauf zu analysieren, müssen Sie gezielte Fragen stellen. Fragen Sie nach seinen Bedürfnissen, seinen Problemen und seinen Zielen. Versuchen Sie, seine Persönlichkeit und seine Kaufentscheidungen zu verstehen. Analysieren Sie auch seine Kaufhistorie und seine Interessen. So können Sie ein umfassendes Bild des Kunden erstellen und ihm das richtige Angebot machen.

Wie können Sie den Kunden im Verkauf ansprechen?

Im Verkauf ist es wichtig, dass man seine Kunden gezielt anspricht. Nur so kann man ihre Aufmerksamkeit gewinnen und sie von den Vorteilen des Produkts oder der Dienstleistung überzeugen. Hier sind einige Beispiele, wie man Kunden im Verkauf ansprechen kann:

1. Personalisierte Ansprache: Eine personalisierte Ansprache kann sehr effektiv sein, um die Aufmerksamkeit des Kunden zu gewinnen. Hierbei kann man beispielsweise den Namen des Kunden verwenden.

2. Nutzenargumentation: Eine Nutzenargumentation kann ebenfalls hilfreich sein, um die Aufmerksamkeit des Kunden zu gewinnen. Hierbei geht es darum, dem Kunden die Vorteile des

Produkts oder der Dienstleistung aufzuzeigen und ihm zu zeigen, wie es seine Probleme lösen kann.

3. Emotionale Ansprache: Eine emotionale Ansprache kann ebenfalls sehr effektiv sein, um die Aufmerksamkeit des Kunden zu gewinnen. Hierbei geht es darum, dem Kunden ein positives Gefühl zu vermitteln und ihm zu zeigen, wie das Produkt oder die Dienstleistung sein Leben verbessern kann.

4. Humorvolle Ansprache: Eine humorvolle Ansprache kann ebenfalls hilfreich sein, um die Aufmerksamkeit des Kunden zu gewinnen. Hierbei geht es darum, den Kunden zum Lachen zu bringen und ihm ein positives Gefühl zu vermitteln.

5. Direkte Ansprache: Eine direkte Ansprache kann effektiv sein, um die Aufmerksamkeit des Kunden zu gewinnen. Hierbei geht es darum, dem Kunden direkt zu sagen, was man ihm anbieten kann und wie es ihm helfen kann.

Insgesamt gibt es also verschiedene Möglichkeiten, um Kunden im Verkauf gezielt anzusprechen. Eine personalisierte Ansprache, Nutzenargumentation, emotionale Ansprache, humorvolle Ansprache und direkte Ansprache sind nur einige Beispiele. Wer seine Kunden gezielt anspricht, kann ihre Aufmerksamkeit gewinnen und sie von den Vorteilen des Produkts oder der Dienstleistung überzeugen.

Bieten Sie Optionen an

Im Verkauf geht es darum, dem Kunden das richtige Angebot zu machen. Eine Möglichkeit, dies zu erreichen, ist das Anbieten von Optionen. Indem Sie dem Kunden verschiedene Optionen anbieten, können Sie auf seine Bedürfnisse eingehen und ihm das passende Angebot machen. In diesem Artikel erfahren Sie, warum es wichtig ist, Optionen im Verkauf anzubieten und wie Sie dies erfolgreich umsetzen können.

Warum ist es wichtig, Optionen im Verkauf anzubieten?

Indem Sie dem Kunden verschiedene Optionen anbieten, können Sie auf seine Bedürfnisse eingehen und ihm das passende Angebot machen. Jeder Kunde hat unterschiedliche Bedürfnisse und Vorlieben, und durch das Anbieten von Optionen können Sie auf diese Unterschiede eingehen. Außerdem kann das Anbieten von Optionen dem Kunden das Gefühl geben, dass er die Kontrolle über seine Kaufentscheidung hat und sich nicht unter Druck gesetzt fühlt.

Wie können Sie Optionen im Verkauf erfolgreich umsetzen?

Im Verkauf ist es wichtig, dem Kunden verschiedene Optionen anzubieten. Denn jeder Kunde hat unterschiedliche Bedürfnisse und Vorstellungen, was das Produkt oder die Dienstleistung angeht. Indem man verschiedene Optionen anbietet, kann man sicherstellen, dass der Kunde das bekommt, was er wirklich braucht und sich leisten kann.

Hier sind einige Beispiele, wie man Optionen im Verkauf anbieten kann:

1. Pakete anbieten: Wenn man beispielsweise ein Produkt verkauft, das in verschiedenen Größen oder Ausführungen erhältlich ist, kann man dem Kunden verschiedene Pakete anbieten. So kann er sich für das Paket entscheiden, das am besten zu seinen Bedürfnissen passt. Ein Beispiel dafür wäre ein Handyvertrag, bei dem der Kunde zwischen verschiedenen Datenmengen und Flatrates wählen kann.

2. Zusatzleistungen anbieten: Man kann dem Kunden auch zusätzliche Leistungen anbieten, die das Produkt oder die Dienstleistung ergänzen. Ein Beispiel dafür wäre ein Autokauf, bei dem man dem Kunden verschiedene Optionen für Garantieverlängerungen oder Wartungsverträge anbietet.

3. Finanzierungsmöglichkeiten anbieten: Wenn das Produkt oder die Dienstleistung teuer ist, kann man dem Kunden verschiedene Finanzierungsmöglichkeiten anbieten. So kann er sich für die Option entscheiden, die am besten zu seinen finanziellen Möglichkeiten passt. Ein Beispiel dafür wäre ein Möbelkauf, bei dem man dem Kunden verschiedene Ratenzahlungsmodelle anbietet.

4. Rabatte anbieten: Man kann dem Kunden auch verschiedene Rabatte anbieten, je nachdem, wie viel er bereit ist auszugeben. Ein Beispiel dafür wäre ein Kleidungsverkauf, bei dem man dem Kunden verschiedene Rabatte anbietet, je nachdem, wie viele Kleidungsstücke er kauft.

5. Testphasen anbieten: Wenn man eine Dienstleistung anbietet, kann man dem Kunden auch eine Testphase anbieten. So kann er sich davon überzeugen, ob die Dienstleistung wirklich zu seinen Bedürfnissen passt. Ein Beispiel dafür wäre ein Fitnessstudio, bei dem man dem Kunden eine kostenlose Probewoche anbietet.

Insgesamt ist es wichtig, dem Kunden verschiedene Optionen anzubieten, um sicherzustellen, dass er das bekommt, was er wirklich braucht und sich leisten kann. Indem man verschiedene Optionen anbietet, kann man auch die Kundenbindung erhöhen und das Vertrauen des Kunden gewinnen.

Verwenden Sie auch eine klare Sprache, um die Optionen zu beschreiben. Vermeiden Sie Fachbegriffe oder technische Details, die der Kunde nicht versteht. Konzentrieren Sie sich stattdessen auf die Vorteile und den Nutzen jeder Option.

Wie können Sie dem Kunden bei der Entscheidung helfen?

Als Verkäufer ist es wichtig, dem Kunden bei der Entscheidungsfindung zu helfen. Denn oft stehen Kunden vor einer Vielzahl von Optionen und sind unsicher, welche die beste Wahl für sie ist. Hier sind einige Beispiele, wie man dem Kunden bei der Entscheidung helfen kann:

1. Fragen stellen: Indem man gezielte Fragen stellt, kann man herausfinden, welche Bedürfnisse und Vorstellungen der Kunde hat. So kann man ihm gezielt Optionen erarbeiten, die zu seinen Bedürfnissen passen. Ein Beispiel dafür wäre, wenn man einem Kunden ein neues Handy verkaufen möchte, könnte man ihn fragen, welche Funktionen ihm wichtig sind und wie viel er bereit ist auszugeben.

2. Vor- und Nachteile aufzeigen: Man kann dem Kunden auch die Vor- und Nachteile der verschiedenen Optionen aufzeigen. So kann er sich ein besseres Bild davon machen, welche Option für ihn die beste Wahl ist. Ein Beispiel dafür wäre, wenn man einem Kunden verschiedene Handy-Modelle zeigt, könnte man ihm die Vor- und Nachteile jedes Modells aufzeigen.

3. Referenzen anbieten: Wenn man bereits zufriedene Kunden hat, kann man dem neuen Kunden Referenzen anbieten. So kann er sich ein Bild davon machen, wie zufrieden andere Kunden mit dem Produkt oder der Dienstleistung sind. Ein Beispiel dafür wäre, wenn man einem Kunden ein neues Fitnessstudio empfiehlt, könnte man ihm Referenzen von anderen Kunden zeigen.

4. Testphasen anbieten: Man kann dem Kunden auch Testphasen anbieten, damit er das Produkt oder die Dienstleistung ausprobieren kann. So kann er sich davon überzeugen, ob es wirklich zu seinen Bedürfnissen passt. Ein Beispiel dafür wäre, wenn man einem Kunden ein neues Fahrrad verkaufen möchte, könnte man ihm eine Probefahrt anbieten.

5. Empfehlungen aussprechen: Wenn man als Verkäufer überzeugt ist, dass eine bestimmte Option die beste Wahl für den Kunden ist, kann man ihm eine Empfehlung aussprechen. So kann man ihm helfen, eine Entscheidung zu treffen. Ein Beispiel dafür wäre, wenn man einem Kunden ein neues Auto verkaufen möchte, könnte man ihm eine bestimmte Marke oder ein bestimmtes Modell empfehlen.

Insgesamt ist es wichtig, dem Kunden bei der Entscheidungsfindung zu helfen. Indem man gezielte Fragen stellt, Vor- und Nachteile aufzeigt, Referenzen anbietet, Testphasen anbietet und Empfehlungen ausspricht, kann man dem Kunden helfen, die beste Wahl zu treffen. Das Anbieten von Optionen im Verkauf ist eine effektive Möglichkeit, um auf die Bedürfnisse des Kunden einzugehen und ihm das passende Angebot zu machen. Stellen Sie gezielte Fragen, um die Bedürfnisse des Kunden zu verstehen, und bieten Sie dann verschiedene Optionen an. Verwenden Sie eine klare Sprache, um die Optionen zu beschreiben, und helfen Sie dem Kunden bei der Entscheidung, indem Sie die Vor- und Nachteile jeder Option aufzeigen. So können Sie erfolgreich im Verkauf sein und langfristige Kundenbeziehungen aufbauen.

Verwenden Sie soziale Beweise

Soziale Beweise sind ein mächtiges Werkzeug im Verkauf. Denn Menschen neigen dazu, sich an anderen zu orientieren und sich von deren Meinungen und Handlungen beeinflussen zu lassen. Hier sind einige Beispiele, wie man soziale Beweise im Verkauf verwenden kann:

1. Kundenbewertungen: Kundenbewertungen sind ein wichtiger Faktor bei der Kaufentscheidung. Indem man Kundenbewertungen auf der eigenen Website oder auf anderen Plattformen wie z.b. Google veröffentlicht, kann man potenzielle Kunden davon überzeugen, dass das Produkt oder die Dienstleistung wirklich gut ist. Ein Beispiel dafür wäre, wenn man ein neues Restaurant eröffnet, könnte man Kundenbewertungen auf der eigenen Website oder auf Google veröffentlichen.

2. Referenzen: Referenzen sind ein weiteres Beispiel für soziale Beweise. Wenn man bereits zufriedene Kunden hat, kann man diese als Referenzen nutzen, um potenzielle Kunden zu überzeugen. Ein Beispiel dafür wäre, wenn man als Fotograf arbeitet, könnte man Referenzen von zufriedenen Kunden auf der eigenen Website veröffentlichen.

3. Influencer-Marketing: Influencer-Marketing ist eine weitere Möglichkeit, soziale Beweise zu nutzen. Indem man Influencer dazu bringt, das Produkt oder die Dienstleistung zu bewerben, kann man potenzielle Kunden davon überzeugen, dass es wirklich gut ist. Ein Beispiel dafür wäre, wenn man ein neues Beauty-Produkt auf den Markt bringt, könnte man Influencer dazu bringen, das Produkt auf ihren Social-Media-Kanälen zu bewerben.

4. Auszeichnungen und Zertifikate: Wenn man Auszeichnungen oder Zertifikate erhalten hat, kann man diese als soziale Beweise nutzen. Denn sie zeigen potenziellen Kunden, dass man wirklich gut ist. Ein Beispiel dafür wäre, wenn man als Unternehmen eine Auszeichnung für Kundenservice erhalten hat, könnte man diese Auszeichnung auf der eigenen Website veröffentlichen.

5. Kundenreferenzen: Kundenreferenzen sind ein weiteres Beispiel für soziale Beweise. Indem man Kundenreferenzen auf der eigenen Website oder auf anderen Plattformen veröffentlicht, kann man potenzielle Kunden davon überzeugen, dass das Produkt oder die Dienstleistung wirklich gut ist. Ein Beispiel dafür wäre, wenn man als Unternehmen eine neue Software auf den Markt bringt, könnte man Kundenreferenzen auf der eigenen Website veröffentlichen.

Insgesamt ist es wichtig, soziale Beweise im Verkauf zu nutzen. Indem man Kundenbewertungen, Referenzen, Influencer-Marketing, Auszeichnungen und Zertifikate sowie Kundenreferenzen nutzt, kann man potenzielle Kunden davon überzeugen, dass das Produkt oder die Dienstleistung wirklich gut ist.

Was sind soziale Beweise?

Soziale Beweise sind Hinweise darauf, dass andere Menschen ein bestimmtes Produkt oder eine bestimmte Dienstleistung bereits gekauft oder genutzt haben und mit dem Ergebnis zufrieden waren. Diese Hinweise können in verschiedenen Formen auftreten, wie zum Beispiel Kundenbewertungen, Testimonials, Empfehlungen von Freunden oder Familienmitgliedern oder sogar die Anzahl der Verkäufe eines Produkts.

Soziale Beweise können auch in anderen Bereichen des Lebens eine Rolle spielen. Ein Beispiel dafür wäre, wenn man in einer neuen Stadt ist und ein Restaurant sucht. Wenn man sieht, dass das Restaurant voll ist und viele Menschen dort essen, kann man davon ausgehen, dass es gut ist und sich entscheiden, dort zu essen.

Insgesamt sind soziale Beweise ein wichtiger Faktor bei der Kaufentscheidung. Indem man Kundenbewertungen, Referenzen, Influencer-Marketing, Auszeichnungen und Zertifikate sowie Kundenreferenzen nutzt, kann man potenzielle Kunden davon überzeugen, dass das Produkt oder die Dienstleistung wirklich gut ist.

Warum sind soziale Beweise wichtig?

Soziale Beweise sind wichtig, weil sie das Vertrauen potenzieller Kunden in ein Produkt oder eine Dienstleistung stärken. Wenn ein Kunde sieht, dass andere Menschen bereits positive Erfahrungen mit einem Produkt gemacht haben, ist er eher bereit, es selbst auszuprobieren. Soziale Beweise können auch dazu beitragen, Bedenken oder Zweifel auszuräumen, die ein Kunde möglicherweise hat, bevor er eine Kaufentscheidung trifft.

Wie können soziale Beweise im Verkauf verwendet werden?

Es gibt verschiedene Möglichkeiten, soziale Beweise im Verkauf zu verwenden. Eine der effektivsten Methoden ist die Verwendung von Kundenbewertungen oder Testimonials. Diese können auf der Website des Unternehmens oder auf anderen Plattformen wie Google My Business veröffentlicht werden. Kundenbewertungen und Testimonials sollten ehrlich und authentisch sein und von echten Kunden stammen.

Es ist auch wichtig, eine Vielzahl von Bewertungen zu haben, um potenziellen Kunden ein umfassendes Bild davon zu geben, wie das Produkt oder die Dienstleistung von verschiedenen Menschen wahrgenommen wird.

Eine weitere Möglichkeit, soziale Beweise zu verwenden, ist die Verwendung von Zahlen und Statistiken. Wenn ein Unternehmen beispielsweise eine hohe Anzahl von Verkäufen oder zufriedenen Kunden hat, kann dies als sozialer Beweis verwendet werden, um potenzielle Kunden zu überzeugen. Es ist jedoch wichtig, diese Zahlen und Statistiken genau zu präsentieren und sicherzustellen, dass sie korrekt sind.

Empfehlungen von Freunden oder Familienmitgliedern können auch als soziale Beweise verwendet werden. Wenn ein Kunde von einem Freund oder Familienmitglied empfohlen wird, ist er eher bereit, das Produkt oder die Dienstleistung auszuprobieren. Unternehmen können auch Anreize für Kunden schaffen, die Freunde oder Familienmitglieder empfehlen, um diese Art von sozialem Beweis zu fördern.

Soziale Beweise helfen dabei, das Vertrauen potenzieller Kunden zu gewinnen und sie davon zu überzeugen, dass ein Produkt oder eine Dienstleistung die richtige Wahl für sie ist. Unternehmen sollten verschiedene Arten von sozialen Beweisen verwenden, wie Kundenbewertungen, Testimonials, Zahlen und Statistiken sowie Empfehlungen von Freunden oder Familienmitglied

Seien Sie flexibel

Flexibilität ist ein wichtiger Faktor im Verkauf. Es ist wichtig, dass Verkäufer in der Lage sind, sich an die Bedürfnisse und Wünsche ihrer Kunden anzupassen und flexibel zu sein, um ihre Ziele zu erreichen. In diesem Artikel werden wir uns genauer mit der Bedeutung von Flexibilität im Verkauf beschäftigen und wie sie dazu beitragen kann, den Umsatz zu steigern.

Warum ist Flexibilität wichtig im Verkauf?

Flexibilität ist wichtig im Verkauf, weil jeder Kunde unterschiedliche Bedürfnisse und Wünsche hat. Ein Verkäufer, der in der Lage ist, sich an die Bedürfnisse seines Kunden anzupassen, wird eher in der Lage sein, eine erfolgreiche Verkaufsstrategie zu entwickeln. Flexibilität kann auch dazu beitragen, Kundenbeziehungen zu stärken und das Vertrauen potenzieller Kunden zu gewinnen.

Wie können Verkäufer flexibel sein?

Es gibt verschiedene Möglichkeiten, wie Verkäufer flexibel sein können. Eine Möglichkeit ist, sich auf die Bedürfnisse des Kunden zu konzentrieren und eine Verkaufsstrategie zu entwickeln, die auf diese Bedürfnisse zugeschnitten ist. Verkäufer sollten in der Lage sein, schnell auf Änderungen in den Bedürfnissen und Anforderungen des Kunden zu reagieren und ihre Strategie entsprechend anzupassen.

Eine weitere Möglichkeit, flexibel zu sein, ist die Verwendung verschiedener Verkaufstechniken. Verkäufer sollten in der Lage sein, verschiedene Techniken zu verwenden, um ihre Ziele zu erreichen. Zum Beispiel kann ein Verkäufer eine direkte Verkaufsstrategie verwenden, um einen Kunden zu überzeugen, ein Produkt zu kaufen, oder eine Beratungsstrategie, um einem Kunden bei der Auswahl des richtigen Produkts zu helfen.

Verkäufer sollten auch in der Lage sein, auf verschiedene Arten von Kunden zu reagieren. Einige Kunden bevorzugen möglicherweise eine direkte und aggressive Verkaufsstrategie, während andere eine sanftere und beratende Herangehensweise bevorzugen. Verkäufer sollten in der Lage sein, ihre Strategie entsprechend anzupassen, um die Bedürfnisse jedes Kunden zu erfüllen.

Eine erfolgreiche Verkaufsstrategie erfordert eine Kombination aus verschiedenen Techniken und die Fähigkeit, schnell auf Änderungen in den Bedürfnissen des Kunden zu reagieren. Durch Flexibilität können Verkäufer Kundenbeziehungen stärken und das Vertrauen potenzieller Kunden gewinnen, was letztendlich zu einem höheren Umsatz führen kann.

Wenn Sie mit einem Kunden über den Preis verhandeln, seien Sie flexibel. Wenn der Kunde beispielsweise ein begrenztes Budget hat, können Sie ihm möglicherweise einen Rabatt anbieten oder ihm eine Zahlungsvereinbarung anbieten. Auf diese Weise können Sie den Kunden davon überzeugen, dass er den Wert Ihres Produkts oder Ihrer Dienstleistung erhält, ohne sein Budget zu sprengen.

Seien Sie selbstbewusst

Selbstbewusstsein ist ein wichtiger Faktor im Verkauf. Es ist wichtig, dass Verkäufer in der Lage sind, selbstbewusst aufzutreten und ihre Produkte oder Dienstleistungen mit Überzeugung zu verkaufen. In diesem Artikel werden wir uns genauer mit der Bedeutung von Selbstbewusstsein im Verkauf beschäftigen und wie es dazu beitragen kann, den Umsatz zu steigern.

Warum ist Selbstbewusstsein wichtig im Verkauf?

Selbstbewusstsein ist einer der wichtigsten Faktoren im Verkauf. Denn als Verkäufer muss man in der Lage sein, das Vertrauen des Kunden zu gewinnen und ihn davon zu überzeugen, dass das Produkt oder die Dienstleistung wirklich gut ist. Hier sind einige Gründe, warum Selbstbewusstsein im Verkauf wichtig ist:

1. Vertrauen gewinnen: Wenn man selbstbewusst auftritt, kann man das Vertrauen des Kunden gewinnen. Denn wenn man selbst von dem Produkt oder der Dienstleistung überzeugt ist, kann man den Kunden davon überzeugen, dass es wirklich gut ist.

2. Überzeugungskraft: Selbstbewusstsein kann auch die Überzeugungskraft erhöhen. Denn wenn man selbstbewusst auftritt, kann man den Kunden davon überzeugen, dass man wirklich weiß, wovon man spricht.

3. Kundenbindung: Selbstbewusstsein kann auch die Kundenbindung erhöhen. Denn wenn man selbstbewusst auftritt und den Kunden von dem Produkt oder der Dienstleistung überzeugen kann, wird er wahrscheinlich wiederkommen und auch anderen von dem Produkt oder der Dienstleistung erzählen.

4. Selbstvertrauen: Selbstbewusstsein kann auch das Selbstvertrauen erhöhen. Denn wenn man selbstbewusst auftritt und erfolgreich im Verkauf ist, kann man das Selbstvertrauen stärken und auch in anderen Bereichen des Lebens selbstbewusster auftreten.

5. Erfolg im Verkauf: Selbstbewusstsein kann auch den Erfolg im Verkauf erhöhen. Denn wenn man selbstbewusst auftritt und den Kunden von dem Produkt oder der Dienstleistung überzeugen kann, wird man wahrscheinlich mehr verkaufen und auch höhere Umsätze erzielen.

Insgesamt ist Selbstbewusstsein ein wichtiger Faktor im Verkauf. Indem man selbstbewusst auftritt, das Vertrauen des Kunden gewinnt, die Überzeugungskraft erhöht, die Kundenbindung erhöht, das Selbstvertrauen stärkt und den Erfolg im Verkauf erhöht, kann man als Verkäufer erfolgreich sein und auch in anderen Bereichen des Lebens selbstbewusster auftreten.

Wie können Verkäufer selbstbewusst auftreten?

Es gibt verschiedene Möglichkeiten, wie Verkäufer selbstbewusst auftreten können. Eine Möglichkeit ist, sich auf die Vorteile des Produkts oder der Dienstleistung zu konzentrieren und diese mit Überzeugung zu verkaufen. Verkäufer sollten in der Lage sein, die Vorteile des Produkts oder der Dienstleistung in einfachen und klaren Worten zu erklären und potenzielle Kunden davon zu überzeugen, dass es die richtige Wahl für sie ist.

Verkäufer sollten auch in der Lage sein, auf Einwände oder Bedenken von potenziellen Kunden zu reagieren. Wenn ein Kunde Bedenken hat, sollte der Verkäufer in der Lage sein, diese Bedenken zu adressieren und dem Kunden zu zeigen, dass das Produkt oder die Dienstleistung trotzdem die richtige Wahl für ihn ist. Verkäufer sollten auch in der Lage sein, auf Fragen zu antworten und dem Kunden alle notwendigen Informationen zur Verfügung zu stellen.

Eine weitere Möglichkeit, selbstbewusst aufzutreten, ist die Verwendung von Körpersprache. Verkäufer sollten in der Lage sein, selbstbewusst und entschlossen aufzutreten, um das Vertrauen potenzieller Kunden zu gewinnen. Eine aufrechte Haltung, Augenkontakt und eine klare Stimme tun dazu beitragen, dass ein Verkäufer selbstbewusst und überzeugend auftritt.

Selbstbewusstsein ist ein wichtiger Faktor im Verkauf. Verkäufer sollten in der Lage sein, selbstbewusst aufzutreten und ihre Produkte oder Dienstleistungen mit Überzeugung zu verkaufen. Eine erfolgreiche Verkaufsstrategie erfordert die Fähigkeit, die Vorteile des Produkts oder der Dienstleistung klar und einfach zu erklären, auf Einwände oder Bedenken von potenziellen Kunden zu reagieren und selbstbewusst aufzutreten. Durch Selbstbewusstsein können Verkäufer Kundenbeziehungen stärken und das Vertrauen potenzieller Kunden gewinnen, was letztendlich zu einem höheren Umsatz führen kann.

Insgesamt erfordert die Kunst der Preisverhandlung Geduld, Vorbereitung und Selbstvertrauen. Wenn Sie diese Tipps und Tricks befolgen, können Sie Ihre Preisverhandlungsfähigkeiten verbessern und Ihre Kunden überzeugen, dass sie den Wert Ihres Produkts oder Ihrer Dienstleistung erhalten.

13.) Die Bedeutung von Verhandlungsgeschick im Verkaufsprozess

Verhandlungsgeschick ist eine der wichtigsten Fähigkeiten, die ein Verkäufer haben sollte. Es ist ein wesentlicher Bestandteil des Verkaufsprozesses und kann den Unterschied zwischen einem erfolgreichen und einem erfolglosen Verkauf ausmachen.

Verhandlungsgeschick ist die Fähigkeit, eine Win-Win-Situation zu schaffen, bei der sowohl der Verkäufer als auch der Kunde zufrieden sind. Es geht darum, die Bedürfnisse und Wünsche des Kunden zu verstehen und gleichzeitig die Ziele des Verkäufers zu erreichen. Ein Verkäufer mit gutem Verhandlungsgeschick kann eine Beziehung aufbauen, die auf Vertrauen und Respekt basiert, und so den Kunden dazu bringen, eine Kaufentscheidung zu treffen.

Ein Verkäufer mit gutem Verhandlungsgeschick kann auch den Preis und die Bedingungen des Verkaufs beeinflussen. Er kann den Kunden davon überzeugen, dass der Preis angemessen ist und dass die Bedingungen des Verkaufs für beide Seiten vorteilhaft sind. Ein Verkäufer mit schlechtem Verhandlungsgeschick hingegen kann den Kunden verärgern und ihn dazu bringen, den Kauf abzubrechen.

Verhandlungsgeschick ist auch wichtig, um Konflikte zu lösen. Wenn es während des Verkaufsprozesses zu

Problemen kommt, kann ein Verkäufer mit gutem Verhandlungsgeschick eine Lösung finden, die für beide Seiten akzeptabel ist. Er kann den Kunden beruhigen und ihm das Gefühl geben, dass er gehört wird und dass seine Bedenken ernst genommen werden.

Ein Verkäufer mit gutem Verhandlungsgeschick kann auch neue Geschäftsmöglichkeiten schaffen. Er kann den Kunden davon überzeugen, dass er weitere Produkte oder Dienstleistungen benötigt, die er bisher nicht in Betracht gezogen hat. Er kann auch neue Kunden gewinnen, indem er potenzielle Kunden davon überzeugt, dass er die beste Lösung für ihre Bedürfnisse hat.

Insgesamt ist Verhandlungsgeschick eine der wichtigsten Fähigkeiten, die ein Verkäufer haben sollte. Es ist ein wesentlicher Bestandteil des Verkaufsprozesses und kann den Unterschied zwischen einem erfolgreichen und einem erfolglosen Verkauf ausmachen. Ein Verkäufer mit gutem Verhandlungsgeschick kann eine Beziehung aufbauen, die auf Vertrauen und Respekt basiert, und so den Kunden dazu bringen, eine Kaufentscheidung zu treffen.

14.) Die Kunst der Bedarfsanalyse: Wie man Kundenbedürfnisse erkennt

Die Bedarfsanalyse ist ein wichtiger Schritt im Verkaufsprozess. Es geht darum, die Bedürfnisse und Wünsche des Kunden zu verstehen, um ihm die bestmögliche Lösung anzubieten. In diesem Artikel werden wir die Kunst der Bedarfsanalyse genauer betrachten und 10 Schritte vorstellen, wie man Kundenbedürfnisse erkennt.

1. Stellen Sie offene Fragen:
   Stellen Sie offene Fragen, um eine Diskussion zu starten und den Kunden dazu zu bringen, mehr über seine Bedürfnisse und Wünsche zu erzählen. Vermeiden Sie geschlossene Fragen, die nur mit Ja oder Nein beantwortet werden können.

2. Hören Sie aktiv zu:
   Hören Sie aktiv zu und zeigen Sie Interesse an dem, was der Kunde sagt. Stellen Sie sicher, dass Sie alle Informationen aufnehmen und verstehen.

3. Verstehen Sie die Situation:
   Verstehen Sie die Situation des Kunden und seine Herausforderungen. Fragen Sie nach den Gründen für seine Bedürfnisse und Wünsche.

4. Identifizieren Sie die Schmerzpunkte:
Identifizieren Sie die Schmerzpunkte des Kunden
und seine Probleme. Fragen Sie nach den
Auswirkungen dieser Probleme auf sein Geschäft
oder sein Leben.

5. Erkennen Sie die Ziele:
Erkennen Sie die Ziele des Kunden und was er
erreichen möchte. Fragen Sie nach seinen
Prioritäten und was ihm wichtig ist.

6. Verstehen Sie die Entscheidungsprozesse:
Verstehen Sie die Entscheidungsprozesse des
Kunden und wer an der Entscheidung beteiligt ist.
Fragen Sie nach den Kriterien, die er bei der
Entscheidung berücksichtigt.

7. Identifizieren Sie die Budgets:
Identifizieren Sie die Budgets des Kunden und was
er bereit ist, auszugeben. Fragen Sie nach seinen
Erwartungen an den Preis und was er für sein Geld
erwartet.

8. Erkennen Sie die Zeitrahmen:
Erkennen Sie die Zeitrahmen des Kunden und wann
er eine Lösung benötigt. Fragen Sie nach seinen

Erwartungen an die Lieferzeit und wie wichtig es
für ihn ist, dass die Lösung schnell verfügbar ist.

9. Bieten Sie Lösungen an:
Bieten Sie Lösungen an, die auf die Bedürfnisse und
Wünsche des Kunden zugeschnitten sind. Stellen
Sie sicher, dass die Lösungen seinen
Schmerzpunkten und Zielen entsprechen.

10. Verfolgen Sie die Ergebnisse:

Verfolgen Sie die Ergebnisse und stellen Sie sicher,
dass der Kunde mit der Lösung zufrieden ist. Fragen
Sie nach Feedback und wie Sie Ihre Leistung
verbessern können.

*Insgesamt ist die Bedarfsanalyse eine Kunst, die Zeit und
Übung erfordert. Es geht darum, die Bedürfnisse und
Wünsche des Kunden zu verstehen und ihm die
bestmögliche Lösung anzubieten. Mit diesen 10 Schritten
können Sie Kundenbedürfnisse erkennen und eine
erfolgreiche Lösung anbieten.*

15.) Die Bedeutung von Individualisierung im
Verkaufsprozess

In der heutigen Zeit ist es für Unternehmen von großer
Bedeutung, ihre Kunden individuell anzusprechen und auf
ihre Bedürfnisse einzugehen. Dies gilt insbesondere im
Verkaufsprozess, da hier der direkte Kontakt zum Kunden
besteht und somit die Möglichkeit besteht, eine
persönliche Beziehung aufzubauen. Im Folgenden werden
Punkte erläutert, die die Bedeutung von Individualisierung
im Verkaufsprozess verdeutlichen.

Kunden erwarten eine persönliche Ansprache und
Beratung.

In der heutigen Zeit, in der die Konkurrenz in fast
allen Branchen immer größer wird, ist es für
Unternehmen wichtiger denn je, sich von der
Masse abzuheben. Eine Möglichkeit, dies zu tun, ist
eine persönliche Ansprache und Beratung für
Kunden. Kunden erwarten heutzutage nicht nur ein
gutes Produkt oder eine gute Dienstleistung,
sondern auch eine individuelle Betreuung und
Beratung.

Eine persönliche Ansprache und Beratung ist ein
wichtiger Faktor, um Kunden zu binden und
langfristige Beziehungen aufzubauen. Kunden
möchten das Gefühl haben, dass sie als Individuum

wahrgenommen werden und dass ihre Bedürfnisse und Wünsche ernst genommen werden. Eine persönliche Ansprache und Beratung werden dazu beitragen, dass Kunden sich wertgeschätzt fühlen und sich mit dem Unternehmen verbunden fühlen.

Eine persönliche Ansprache und Beratung können auf verschiedene Arten erfolgen. Eine Möglichkeit ist, dass Unternehmen ihren Kunden einen persönlichen Ansprechpartner zur Verfügung stellen. Dieser Ansprechpartner kann den Kunden bei Fragen und Problemen helfen und ihm individuelle Lösungen anbieten. Eine weitere Möglichkeit ist, dass Unternehmen ihren Kunden personalisierte Angebote und Empfehlungen machen. Hierbei können Daten wie Kaufhistorie, Interessen und Vorlieben genutzt werden, um dem Kunden maßgeschneiderte Angebote zu unterbreiten.

Eine persönliche Beratung kann auch in Form von Schulungen und Workshops erfolgen. Unternehmen können ihren Kunden Schulungen und Workshops anbieten, um ihnen das nötige Wissen zu vermitteln, um ihre Produkte oder Dienstleistungen optimal nutzen zu können. Hierbei können auch individuelle Fragen und Probleme der Kunden behandelt werden.

Eine persönliche Ansprache und Beratung können auch online erfolgen. Unternehmen können ihren

Kunden personalisierte E-Mails und Newsletter senden, die auf ihre Interessen und Vorlieben zugeschnitten sind. Auch auf Social-Media-Plattformen können Unternehmen ihren Kunden eine persönliche Ansprache bieten, indem sie auf Kommentare und Fragen schnell und individuell reagieren.

Zusammenfassend lässt sich sagen, dass Kunden heutzutage eine persönliche Ansprache und Beratung erwarten. Eine individuelle Betreuung und Beratung können dazu beitragen, dass Kunden sich wertgeschätzt fühlen und langfristige Beziehungen zu Unternehmen aufbauen. Unternehmen sollten daher darauf achten, ihren Kunden eine persönliche Ansprache und Beratung anzubieten, sei es durch einen persönlichen Ansprechpartner, personalisierte Angebote oder Schulungen und Workshops.

Durch Individualisierung kann eine höhere Kundenbindung erreicht werden.
In der heutigen Zeit, in der die Konkurrenz in fast allen Branchen immer größer wird, ist es für Unternehmen wichtiger denn je, sich von der Masse abzuheben. Eine Möglichkeit, dies zu tun, ist durch Individualisierung. Durch die Individualisierung von Produkten und Dienstleistungen können Unternehmen eine höhere Kundenbindung erreichen.

Individualisierung bedeutet, dass Produkte oder Dienstleistungen auf die individuellen Bedürfnisse und Wünsche des Kunden zugeschnitten werden. Dies kann durch die Anpassung von Farben, Größen, Materialien oder Funktionen erfolgen. Auch die Personalisierung von Produkten durch Gravuren oder Aufdrucke kann eine Form der Individualisierung sein.

Durch die Individualisierung von Produkten und Dienstleistungen können Unternehmen eine höhere Kundenbindung erreichen. Kunden fühlen sich wertgeschätzt und ernst genommen, wenn ihre individuellen Bedürfnisse und Wünsche berücksichtigt werden. Sie haben das Gefühl, dass das Unternehmen sich um sie kümmert und sich für sie interessiert.

Eine höhere Kundenbindung kann auch durch die Individualisierung von Dienstleistungen erreicht werden. Hierbei können Unternehmen ihren Kunden maßgeschneiderte Lösungen anbieten, die auf ihre individuellen Bedürfnisse und Wünsche zugeschnitten sind. Auch eine persönliche Beratung und Betreuung kann dazu beitragen, dass Kunden sich wertgeschätzt fühlen und eine höhere Kundenbindung entsteht.

Durch die Individualisierung von Produkten und Dienstleistungen können Unternehmen auch neue Zielgruppen erschließen. Kunden, die sich von der Masse abheben möchten und nach individuellen Lösungen suchen, werden von Unternehmen angezogen, die Individualisierung anbieten. Auch Kunden, die bereit sind, für individuelle Lösungen mehr zu bezahlen, können durch Individualisierung angesprochen werden.

Zusammenfassend lässt sich sagen, dass durch Individualisierung eine höhere Kundenbindung erreicht werden kann. Kunden fühlen sich wertgeschätzt und ernst genommen, wenn ihre individuellen Bedürfnisse und Wünsche berücksichtigt werden. Unternehmen können durch Individualisierung auch neue Zielgruppen erschließen und sich von der Konkurrenz abheben. Unternehmen sollten daher darauf achten, ihren

Kunden fühlen sich wertgeschätzt und ernst
genommen.

Kunden sind das Herzstück jedes Unternehmens.
Ohne Kunden gibt es kein Geschäft. Daher ist es
von entscheidender Bedeutung, dass Unternehmen
ihre Kunden wertschätzen und ernst nehmen.
Kunden, die sich wertgeschätzt und ernst
genommen fühlen, sind zufriedener und haben
eine höhere Bindung an das Unternehmen.

Eine Möglichkeit, Kunden wertzuschätzen und ernst
zu nehmen, ist durch eine persönliche Ansprache.
Kunden möchten das Gefühl haben, dass sie als
Individuum wahrgenommen werden und dass ihre
Bedürfnisse und Wünsche ernst genommen
werden. Eine persönliche Ansprache kann dazu
beitragen, dass Kunden sich wertgeschätzt fühlen
und sich mit dem Unternehmen verbunden fühlen.

Auch die Qualität der Produkte und
Dienstleistungen spielt eine wichtige Rolle bei der

Wertschätzung von Kunden. Kunden möchten Produkte und Dienstleistungen von hoher Qualität, die ihren Bedürfnissen und Wünschen entsprechen. Eine hohe Qualität kann dazu beitragen, dass Kunden sich wertgeschätzt fühlen und eine höhere Bindung an das Unternehmen haben.

Eine weitere Möglichkeit, Kunden wertzuschätzen und ernst zu nehmen, ist durch die Einbindung von Kundenfeedback. Kundenfeedback kann dazu beitragen, dass Unternehmen ihre Produkte und Dienstleistungen verbessern und auf die Bedürfnisse und Wünsche ihrer Kunden eingehen können. Kunden, die das Gefühl haben, dass ihre Meinung gehört wird, fühlen sich wertgeschätzt und ernst genommen.

Zusammenfassend lässt sich sagen, dass Kunden, die sich wertgeschätzt und ernst genommen fühlen, zufriedener sind und eine höhere Bindung an das Unternehmen haben. Unternehmen sollten daher darauf achten, ihre Kunden wertzuschätzen und ernst zu nehmen, sei es durch eine persönliche Ansprache, eine schnelle und effektive Kundenbetreuung, die Qualität ihrer Produkte und Dienstleistungen oder die Einbindung von Kundenfeedback.

Eine individuelle Beratung kann zu höheren Verkaufszahlen führen.

Eine individuelle Beratung bedeutet, dass sich der Verkäufer Zeit nimmt, um auf die Bedürfnisse und Wünsche des Kunden einzugehen. Dabei geht es nicht nur darum, das Produkt oder die Dienstleistung zu verkaufen, sondern auch um eine langfristige Kundenbindung. Denn wenn der Kunde das Gefühl hat, dass ihm zugehört wird und er ernst genommen wird, ist er eher bereit, wiederzukommen und auch weitere Produkte zu kaufen.

Eine individuelle Beratung kann auch dazu beitragen, dass der Kunde das Produkt besser versteht und somit auch besser nutzen kann. Der Verkäufer kann dem Kunden beispielsweise Tipps geben, wie er das Produkt am besten einsetzt oder welche Zusatzprodukte sinnvoll sind. Dadurch steigt die Kundenzufriedenheit und auch die Wahrscheinlichkeit, dass der Kunde das Produkt weiterempfiehlt.

Eine individuelle Beratung kann auch dazu beitragen, dass der Kunde sich für ein höherwertiges Produkt entscheidet. Denn wenn der Verkäufer dem Kunden die Vorteile eines teureren Produkts erklärt und ihm zeigt, wie es seinen Bedürfnissen besser entspricht, ist der Kunde eher bereit, mehr Geld auszugeben.

Eine individuelle Beratung kann auch dazu beitragen, dass der Kunde sich für ein Produkt entscheidet, das er sonst nicht gekauft hätte. Denn wenn der Verkäufer dem Kunden die Vorteile eines Produkts erklärt, von dem der Kunde vorher noch nie gehört hat, kann er ihn davon überzeugen, dass es für ihn sinnvoll ist.

Insgesamt kann eine individuelle Beratung also dazu beitragen, dass der Kunde zufriedener ist, mehr Vertrauen in das Unternehmen hat und auch bereit ist, mehr Geld auszugeben. Unternehmen sollten daher darauf achten, dass ihre Verkäufer gut geschult sind und in der Lage sind, eine individuelle Beratung anzubieten. Denn nur so können sie sich von der Konkurrenz abheben und langfristige Kundenbeziehungen aufbauen.

Kunden sind bereit, mehr Geld für ein personalisiertes Produkt oder eine personalisierte Dienstleistung auszugeben.

Personalisierung bedeutet, dass das Produkt oder die Dienstleistung auf die individuellen Bedürfnisse und Wünsche des Kunden zugeschnitten wird. Dabei geht es nicht nur um die Anpassung von

Farben oder Größen, sondern auch um die Berücksichtigung von persönlichen Vorlieben und Interessen. Eine personalisierte Dienstleistung kann beispielsweise eine individuelle Beratung oder ein maßgeschneidertes Angebot sein.

Kunden sind bereit, mehr Geld für personalisierte Produkte und Dienstleistungen auszugeben, weil sie das Gefühl haben, dass ihre Bedürfnisse ernst genommen werden. Sie sind bereit, mehr zu bezahlen, wenn sie das Gefühl haben, dass das Produkt oder die Dienstleistung speziell für sie gemacht wurde. Personalisierung schafft eine emotionale Bindung zwischen dem Kunden und dem Unternehmen, die zu einer langfristigen Kundenbindung führen kann.

Eine Studie von Deloitte zeigt, dass 36% der Kunden bereit sind, mehr Geld für personalisierte Produkte und Dienstleistungen auszugeben. Die Studie zeigt auch, dass 48% der Kunden bereit sind, ihre persönlichen Daten mit Unternehmen zu teilen, um personalisierte Angebote zu erhalten. Dies zeigt, dass Kunden bereit sind, ihre Daten preiszugeben, wenn sie im Gegenzug personalisierte Angebote erhalten.

Personalisierung kann auch dazu beitragen, dass Kunden loyal gegenüber dem Unternehmen werden. Wenn ein Kunde das Gefühl hat, dass das Unternehmen seine Bedürfnisse versteht und ihm personalisierte Angebote macht, ist er eher bereit, wiederzukommen und auch weitere Produkte zu kaufen. Personalisierung kann auch dazu beitragen, dass Kunden das Unternehmen weiterempfehlen, was zu einer höheren Kundenbindung und höheren Verkaufszahlen führen kann.

Insgesamt zeigt sich, dass Kunden bereit sind, mehr Geld für personalisierte Produkte und Dienstleistungen auszugeben. Unternehmen sollten daher darauf achten, dass sie personalisierte Angebote machen und ihre Kundenbedürfnisse ernst nehmen. Denn nur so können sie sich von der Konkurrenz abheben und langfristige Kundenbeziehungen aufbauen.

Durch Individualisierung kann eine Differenzierung von der Konkurrenz erreicht werden, da das Unternehmen einzigartige Produkte und Dienstleistungen anbietet, die es bei der Konkurrenz nicht gibt. Kunden sind bereit, mehr Geld für individualisierte Produkte und Dienstleistungen auszugeben, da sie das Gefühl haben, dass ihre Bedürfnisse ernst genommen werden. Sie sind bereit, mehr zu bezahlen, wenn sie das Gefühl haben, dass das Produkt oder die Dienstleistung speziell für sie gemacht wurde.

Eine Differenzierung der Konkurrenz kann auch dazu beitragen, dass Kunden loyal gegenüber dem Unternehmen werden. Wenn ein Kunde das Gefühl hat, dass das Unternehmen einzigartige Produkte und Dienstleistungen anbietet, die es bei der Konkurrenz nicht gibt, ist er eher bereit, wiederzukommen und auch weitere Produkte zu kaufen. Eine Differenzierung von der Konkurrenz kann auch dazu beitragen, dass Kunden das Unternehmen weiterempfehlen, was zu einer höheren Kundenbindung und höheren Verkaufszahlen führen kann.

Insgesamt zeigt sich, dass durch Individualisierung eine Differenzierung von der Konkurrenz erreicht werden kann. Unternehmen sollten daher darauf achten, dass sie einzigartige Produkte und Dienstleistungen anbieten und ihre Kundenbedürfnisse ernst nehmen. Denn nur so können sie sich von der Konkurrenz abheben und langfristige Kundenbeziehungen aufbauen.

Kunden sind bereit, längere Wartezeiten in Kauf zu nehmen, wenn sie dafür eine individuelle Beratung erhalten.

Eine individuelle Beratung bedeutet, dass sich der Verkäufer Zeit nimmt, um auf die Bedürfnisse und Wünsche des Kunden einzugehen. Dabei geht es nicht nur darum, das Produkt oder die

Dienstleistung zu verkaufen, sondern auch um eine langfristige Kundenbindung. Denn wenn der Kunde das Gefühl hat, dass ihm zugehört wird und er ernst genommen wird, ist er eher bereit, wiederzukommen, einen Höheren Preis zu akzeptieren und auch weitere Produkte zu kaufen.

Eine individuelle Beratung kann jedoch auch längere Wartezeiten bedeuten. Denn der Verkäufer muss sich Zeit nehmen, um auf den Kunden einzugehen und ihm eine individuelle Beratung zu bieten. Doch Kunden sind bereit, längere Wartezeiten in Kauf zu nehmen, wenn sie dafür eine individuelle Beratung erhalten. Denn sie wissen, dass sie dadurch eine bessere Beratung erhalten und dass ihre Bedürfnisse ernst genommen werden.
Eine individuelle Beratung kann auch dazu beitragen, dass der Kunde das Produkt besser versteht und somit auch besser nutzen kann. Der Verkäufer kann dem Kunden beispielsweise Tipps geben, wie er das Produkt am besten einsetzt oder welche Zusatzprodukte sinnvoll sind. Dadurch steigt die Kundenzufriedenheit und auch die Wahrscheinlichkeit, dass der Kunde das Produkt weiterempfiehlt.

Insgesamt zeigt sich, dass Kunden bereit sind, längere Wartezeiten in Kauf zu nehmen, wenn sie dafür eine individuelle Beratung erhalten. Unternehmen sollten daher darauf achten, dass ihre Verkäufer gut geschult sind und in der Lage sind, eine individuelle Beratung anzubieten. Denn nur so können sie sich von der Konkurrenz abheben und langfristige Kundenbeziehungen aufbauen.

Eine individuelle Beratung kann zu einer höheren Kundenzufriedenheit führen.

Eine individuelle Beratung bedeutet, dass der Kunde nicht nur eine Standardlösung angeboten bekommt, sondern dass auf seine individuellen Bedürfnisse und Wünsche eingegangen wird. Der Kunde fühlt sich dadurch ernst genommen und wertgeschätzt. Er hat das Gefühl, dass ihm wirklich geholfen wird und dass er nicht nur eine Nummer ist.

Eine individuelle Beratung kann in verschiedenen Bereichen eingesetzt werden. Zum Beispiel im Einzelhandel, wo der Verkäufer dem Kunden nicht nur das teuerste Produkt verkaufen sollte, sondern ihm das Produkt empfehlen sollte, das am besten zu seinen Bedürfnissen passt. Oder im Bereich der Finanzberatung, wo der Berater dem Kunden nicht nur eine Standardanlage empfehlen sollte, sondern auf seine individuelle Risikobereitschaft und Anlageziele eingehen sollte.

Eine individuelle Beratung kann auch dazu beitragen, dass der Kunde das Gefühl hat, dass ihm das Unternehmen wirklich helfen möchte. Der Kunde fühlt sich dadurch nicht nur zufrieden, sondern auch loyal gegenüber dem Unternehmen. Er wird das Unternehmen weiterempfehlen und auch in Zukunft seine Dienstleistungen in Anspruch nehmen.

Eine individuelle Beratung kann jedoch auch dazu führen, dass der Kunde mehr Zeit in Anspruch nimmt und dass der Berater mehr Arbeit hat. Es ist daher wichtig, dass das Unternehmen die Ressourcen hat, um eine individuelle Beratung anzubieten. Es kann jedoch auch sein, dass eine individuelle Beratung zu einem höheren Umsatz führt, da der Kunde bereit ist, mehr Geld für eine Lösung auszugeben, die auf seine individuellen Bedürfnisse zugeschnitten ist.

Insgesamt kann eine individuelle Beratung zu einer höheren Kundenzufriedenheit führen. Der Kunde fühlt sich ernst genommen und wertgeschätzt und hat das Gefühl, dass ihm wirklich geholfen wird. Das Unternehmen kann dadurch loyale Kunden gewinnen und auch in Zukunft erfolgreich sein.

Kunden empfehlen Unternehmen mit einer individuellen Beratung eher weiter.

Kunden, die eine individuelle Beratung erhalten haben, sind in der Regel zufriedener als Kunden, die nur eine Standardlösung angeboten bekommen haben. Sie haben das Gefühl, dass ihre Bedürfnisse und Wünsche berücksichtigt wurden und dass ihnen wirklich geholfen wurde. Diese Zufriedenheit führt dazu, dass Kunden das Unternehmen eher weiterempfehlen.

Eine Weiterempfehlung ist für Unternehmen von großer Bedeutung. Denn eine Empfehlung von einem zufriedenen Kunden hat eine höhere Glaubwürdigkeit als jede Werbung. Potenzielle Kunden vertrauen eher auf die Empfehlung eines Freundes oder Bekannten als auf eine Werbung. Eine hohe Weiterempfehlungsrate kann somit zu einem höheren Umsatz und zu einer höheren Kundenbindung führen.

Insgesamt kann eine individuelle Beratung dazu beitragen, dass Kunden das Unternehmen eher weiterempfehlen. Kunden, die eine individuelle Beratung erhalten haben, sind in der Regel zufriedener und haben das Gefühl, dass ihnen wirklich geholfen wurde. Eine hohe

Durch Individualisierung kann eine höhere Kundenloyalität erreicht werden.

Durch die Individualisierung können Unternehmen eine höhere Kundenloyalität erreichen. Kunden, die das Gefühl haben, dass ihre Bedürfnisse und Wünsche berücksichtigt werden, sind in der Regel zufriedener und haben eine höhere Bindung an das Unternehmen. Sie sind bereit, mehr Geld für Produkte und Dienstleistungen auszugeben, die auf ihre individuellen Bedürfnisse zugeschnitten sind.

Eine höhere Kundenloyalität hat für Unternehmen viele Vorteile. Loyalität führt zu einer höheren Kundenbindung und somit zu einem höheren Umsatz. Loyalität führt auch dazu, dass Kunden das Unternehmen eher weiterempfehlen und somit neue Kunden gewonnen werden können.

Es ist jedoch wichtig zu beachten, dass die Individualisierung auch Herausforderungen mit sich bringt. Die Individualisierung erfordert eine höhere

Flexibilität und Anpassungsfähigkeit seitens des Unternehmens. Es kann auch sein, dass die Individualisierung zu höheren Kosten führt, da Produkte und Dienstleistungen speziell für den Kunden angefertigt werden müssen.

Insgesamt kann die Individualisierung dazu beitragen, eine höhere Kundenloyalität zu erreichen. Kunden, die das Gefühl haben, dass ihre Bedürfnisse und Wünsche berücksichtigt werden, sind in der Regel zufriedener und haben eine höhere Bindung an das Unternehmen. Eine höhere Kundenloyalität führt zu einem höheren Umsatz und zu einer höheren Kundenbindung. Unternehmen sollten daher darauf achten, Produkte und Dienstleistungen auf die individuellen Bedürfnisse und Wünsche ihrer Kunden zuzuschneiden, um eine höhere Kundenloyalität zu erreichen.

Eine individuelle Beratung.

Eine individuelle Beratung bedeutet, dass sich ein Unternehmen auf die spezifischen Bedürfnisse und Anforderungen eines Kunden konzentriert. Dies kann durch eine persönliche Beratung vor Ort, telefonische Beratung oder auch durch eine Online-Beratung erfolgen. Dabei geht es darum, dem Kunden eine maßgeschneiderte Lösung anzubieten, die seinen Anforderungen entspricht.

Darüber hinaus kann eine individuelle Beratung auch dazu beitragen, dass Kunden das Unternehmen weiterempfehlen. Wenn ein Kunde mit der Beratung und der Lösung zufrieden ist, wird er dies auch anderen potenziellen Kunden mitteilen. Dies kann zu einer höheren Kundenbindung und somit zu einem höheren Umsatz führen.

Eine individuelle Beratung kann zu einer höheren Kundenbindung im E-Commerce führen.

Dies kann durch eine persönliche Beratung per E-Mail, Chat oder Telefon erfolgen.

Wenn ein Unternehmen in der Lage ist, die Bedürfnisse und Anforderungen eines Kunden zu verstehen und ihm eine Lösung anzubieten, die seinen Erwartungen entspricht, wird der Kunde wahrscheinlich auch in Zukunft auf das Unternehmen zurückgreifen.

Darüber hinaus kann eine individuelle Beratung auch dazu beitragen, dass Kunden das Unternehmen weiterempfehlen. Wenn ein Kunde mit der Beratung und der Lösung zufrieden ist, wird er dies auch anderen potenziellen Kunden mitteilen. Dies kann zu einer höheren Kundenbindung und somit zu einem höheren Umsatz führen.

Insgesamt kann eine individuelle Beratung dazu beitragen, dass Kunden langfristig an das Unternehmen gebunden werden. Durch eine maßgeschneiderte Lösung, die auf die spezifischen Bedürfnisse und Anforderungen eines Kunden zugeschnitten ist, fühlt sich der Kunde wertgeschätzt und ernst genommen. Dies führt zu einer höheren Zufriedenheit und somit zu einer höheren Kundenbindung im E-Commerce.

Durch Individualisierung kann eine höhere Kundenbindung im stationären Handel erreicht werden.

Hierbei geht es darum, dem Kunden individuelle Angebote zu unterbreiten, die auf seine Bedürfnisse und Vorlieben zugeschnitten sind. Dies kann beispielsweise durch personalisierte Werbung oder spezielle Rabattaktionen erfolgen.

Durch eine Individualisierung des Einkaufserlebnisses fühlt sich der Kunde wertgeschätzt und ernst genommen. Wenn ein Kunde mit dem Einkaufserlebnis zufrieden ist, wird er dies auch anderen potenziellen Kunden mitteilen.

Insgesamt kann eine Individualisierung des Einkaufserlebnisses dazu beitragen, dass Kunden langfristig an das Unternehmen gebunden werden. Durch eine maßgeschneiderte Beratung und Angebote, die auf die spezifischen Bedürfnisse und Anforderungen eines Kunden zugeschnitten sind, fühlt sich der Kunde wertgeschätzt und ernst genommen. Dies führt zu einer höheren Zufriedenheit und somit zu einer höheren Kundenbindung im stationären Handel.

Durch Individualisierung kann eine höhere Kundenbindung im After-Sales-Bereich erreicht werden.

Hierbei geht es darum, dem Kunden individuelle Angebote zu unterbreiten, die auf seine Bedürfnisse und Vorlieben zugeschnitten sind. Dies kann beispielsweise durch spezielle Rabattaktionen oder exklusive Angebote erfolgen.

Durch eine Individualisierung des After-Sales-Services fühlt sich der Kunde wertgeschätzt und ernst genommen. Dies führt zu einer höheren Zufriedenheit und somit zu einer höheren Kundenbindung. Wenn ein Kunde mit dem After-Sales-Service zufrieden ist, wird er dies auch anderen potenziellen Kunden mitteilen.

Eine individuelle Beratung kann zu einer höheren Kundenbindung im Pre-Sales-Bereich führen.

Pre-Sales bezeichnet den Zeitraum vor dem eigentlichen Verkauf. In diesem Bereich geht es darum, potenzielle Kunden von einem Produkt oder einer Dienstleistung zu überzeugen und sie für den Kauf zu gewinnen. Eine individuelle Beratung kann hierbei sehr hilfreich sein.

Warum ist eine individuelle Beratung wichtig?

Eine individuelle Beratung kann auch dazu beitragen, dass der Kunde sich besser informiert fühlt. Der Berater kann ihm alle Fragen beantworten und ihm somit ein besseres Verständnis für das Produkt oder die Dienstleistung vermitteln. Der Kunde fühlt sich dadurch sicherer und kann eine fundierte Entscheidung treffen.

Wie kann eine individuelle Beratung umgesetzt werden?

Eine individuelle Beratung kann auf verschiedene Weise umgesetzt werden. Eine Möglichkeit ist, dass der Kunde einen persönlichen Berater zugewiesen bekommt. Dieser Berater ist dann für alle Fragen und Anliegen des Kunden zuständig und kann ihm eine individuelle Beratung bieten.

Eine andere Möglichkeit ist, dass der Kunde online eine Beratung in Anspruch nehmen kann. Hierbei kann er entweder per Chat oder per Video mit einem Berater kommunizieren. Auch hierbei kann eine individuelle Beratung angeboten werden.

Durch Individualisierung kann eine höhere Kundenbindung im Cross-Selling-Bereich erreicht werden.
Cross-Selling bezeichnet den Verkauf von zusätzlichen Produkten oder Dienstleistungen an bestehende Kunden. Hierbei geht es darum, den Kunden weitere Produkte oder Dienstleistungen anzubieten, die zu seinem bereits gekauften Produkt passen. Ein Beispiel hierfür wäre der Verkauf von passenden Schuhen zu einer bereits gekauften Hose.

Die Individualisierung im Cross-Selling-Bereich kann dazu beitragen, dass der Kunde sich besser informiert fühlt und eine fundierte Entscheidung treffen kann. Dadurch steigt die Zufriedenheit des Kunden und die Wahrscheinlichkeit, dass er weitere Produkte oder Dienstleistungen kauft, erhöht sich. Eine höhere Kundenbindung ist somit die Folge. Unternehmen sollten daher darauf achten, eine Individualisierung im Cross-Selling-Bereich anzubieten.

16.) Die Kunst der Kundenbindung:

Wie man Kunden langfristig begeistert

Kundenbindung ist ein wichtiger Faktor für den Erfolg eines Unternehmens. Es geht darum, Kunden nicht nur einmalig zu gewinnen, sondern sie langfristig zu begeistern und zu binden. Im Folgenden werden Punkte erläutert, die zeigen, wie man Kunden langfristig begeistern und binden kann.

- Kundenzufriedenheit: Kunden müssen mit dem Produkt oder der Dienstleistung zufrieden sein, um langfristig gebunden zu werden.
- Persönliche Ansprache: Kunden möchten individuell angesprochen werden und das Gefühl haben, dass ihre Bedürfnisse und Wünsche berücksichtigt werden.
- Kundenservice: Ein guter Kundenservice ist unerlässlich, um Kunden langfristig zu binden. Hierbei geht es um schnelle und kompetente Hilfe bei Problemen oder Fragen.
- Vertrauen: Kunden müssen dem Unternehmen vertrauen, um langfristig gebunden zu werden. Hierbei spielt Transparenz eine wichtige Rolle.
- Kundenfeedback: Kundenfeedback ist wichtig, um auf die Bedürfnisse und Wünsche der Kunden einzugehen und das Angebot entsprechend anzupassen.

- Kundenbindungssysteme: Kundenbindungssysteme wie Bonusprogramme oder Rabatte können dazu beitragen, Kunden langfristig zu binden.
- Emotionale Bindung: Eine emotionale Bindung zum Unternehmen kann durch eine positive Markenwahrnehmung und ein positives Image erreicht werden.
- Kundenkommunikation: Eine regelmäßige und gezielte Kundenkommunikation kann dazu beitragen, Kunden langfristig zu binden.
- Kundenorientierung: Eine konsequente Kundenorientierung ist wichtig, um Kunden langfristig zu begeistern und zu binden.
- Kundenbeziehungen: Eine persönliche Beziehung zu Kunden kann dazu beitragen, sie langfristig zu binden.
- Kundenbindungskultur: Eine Kundenbindungskultur im Unternehmen kann dazu beitragen, dass alle Mitarbeiter auf die Bedürfnisse und Wünsche der Kunden eingehen.
- Kundenbindungsmarketing: Eine gezielte Kundenbindungsmarketing-Strategie kann dazu beitragen, Kunden langfristig zu binden.
- Kundenbindungsinstrumente: Verschiedene Kundenbindungsinstrumente wie Newsletter oder Kundenmagazine können dazu beitragen, Kunden langfristig zu binden.
- Kundenbindungsmessung: Eine regelmäßige Messung der Kundenbindung kann dazu -beitragen, Schwachstellen im Kundenbindungsprozess zu erkennen und zu verbessern.

- Kundenbindungskosten: Die Kosten für die Kundenbindung sollten im Verhältnis zum Kundenwert stehen, um langfristig erfolgreich zu sein.

Zusammenfassend lässt sich sagen, dass Kundenbindung ein wichtiger Faktor für den Erfolg eines Unternehmens ist. Es geht darum, Kunden langfristig zu begeistern und zu binden, indem man auf ihre Bedürfnisse und Wünsche eingeht, eine persönliche Beziehung aufbaut und ein positives Image schafft. Unternehmen sollten daher eine gezielte Kundenbindungsstrategie entwickeln und regelmäßig die Kundenbindung messen, um langfristig erfolgreich zu sein.

17.) Servicequalität ist ein wichtiger Faktor im Verkauf.

- Kunden erwarten eine hohe Servicequalität, um zufrieden zu sein.
- Eine gute Servicequalität kann zu Kundenbindung und Empfehlungen führen.
- Eine schlechte Servicequalität kann zu Kundenverlusten und negativen Bewertungen führen.
- Servicequalität umfasst alle Interaktionen zwischen Kunden und Verkäufern.
- Eine gute Servicequalität beginnt mit einer freundlichen Begrüßung.
- Verkäufer sollten auf die Bedürfnisse und Wünsche des Kunden eingehen.
- Eine schnelle und effiziente Bedienung ist wichtig.
- Verkäufer sollten über Produkte und Dienstleistungen informiert sein.
- Kunden sollten bei Problemen oder Beschwerden ernst genommen werden.
- Eine schnelle Lösung von Problemen ist wichtig.
- Verkäufer sollten sich Zeit nehmen, um Fragen zu beantworten.
- Eine angenehme Atmosphäre im Geschäft trägt zur Servicequalität bei.
- Eine gute Servicequalität kann auch online erreicht werden.
- Eine schnelle Antwort auf E-Mails oder Anfragen ist wichtig.

- Eine einfache Navigation auf der Website ist wichtig.
- Kunden sollten online leicht Kontakt aufnehmen können.
- Eine schnelle Lieferung und einfache Rückgabe sind wichtige Faktoren.
- Kundenbewertungen können zur Verbesserung der Servicequalität beitragen.
- Eine kontinuierliche Verbesserung der Servicequalität ist wichtig, um Kunden zufrieden zu stellen und zu halten.

18.) Servicequalität ist ein wichtiger Faktor im Verkaufsprozess.

- Kunden erwarten eine hohe Servicequalität, um zufrieden zu sein.

- Eine gute Servicequalität kann zu Kundenbindung und Empfehlungen führen.
- Eine schlechte Servicequalität kann zu Kundenverlusten und negativen Bewertungen führen.
- Servicequalität umfasst alle Interaktionen zwischen Kunden und Verkäufern.
- Eine gute Servicequalität beginnt mit einer freundlichen Begrüßung.
- Verkäufer sollten auf die Bedürfnisse und Wünsche des Kunden eingehen.
- Eine schnelle und effiziente Bedienung ist wichtig.
- Verkäufer sollten über Produkte und Dienstleistungen informiert sein.
- Kunden sollten bei Problemen oder Beschwerden ernst genommen werden.
- Eine schnelle Lösung von Problemen ist wichtig.
- Verkäufer sollten sich Zeit nehmen, um Fragen zu beantworten.
- Eine angenehme Atmosphäre im Geschäft trägt zur Servicequalität bei.
- Eine gute Servicequalität kann auch online erreicht werden.
- Eine schnelle Antwort auf E-Mails oder Anfragen ist wichtig.

-   Eine einfache Navigation auf der Website ist
    wichtig.
-   Kunden sollten online leicht Kontakt aufnehmen
    können.
-   Eine schnelle Lieferung und einfache Rückgabe sind
    wichtige Faktoren.
-   Kundenbewertungen können zur Verbesserung der
    Servicequalität beitragen.
-   Eine kontinuierliche Verbesserung der
    Servicequalität ist wichtig, um Kunden zufrieden zu
    stellen und zu halten.

19.) Die Bedeutung von Feedback im Verkaufsprozess

Feedback ist ein wichtiger Bestandteil des Verkaufsprozesses. Es ermöglicht Verkäufern, ihre Leistung zu verbessern und Kundenbedürfnisse besser zu verstehen. Hier sind Gründe, warum Feedback im Verkaufsprozess so wichtig ist:

Verbesserung der Verkaufstechniken:

Feedback hilft Verkäufern, ihre Verkaufstechniken zu verbessern und ihre Fähigkeiten zu schärfen. Durch Feedback können Verkäufer ihre Stärken und Schwächen erkennen und gezielt daran arbeiten.

Kundenbedürfnisse besser verstehen:

Feedback von Kunden hilft Verkäufern, ihre Bedürfnisse besser zu verstehen. Dies ermöglicht es Verkäufern, ihre Produkte und Dienstleistungen besser auf die Bedürfnisse ihrer Kunden abzustimmen.

Steigerung der Kundenzufriedenheit:

Feedback von Kunden hilft Verkäufern, die Kundenzufriedenheit zu steigern. Durch Feedback können Verkäufer auf die Bedürfnisse ihrer Kunden eingehen und ihre Produkte und Dienstleistungen entsprechend anpassen.

Verbesserung der Kundenbindung:

Feedback von Kunden hilft Verkäufern, die Kundenbindung zu verbessern. Durch Feedback können Verkäufer auf die Bedürfnisse ihrer Kunden eingehen und ihre Beziehung zu ihnen stärken.

Identifizierung von Problemen:

Feedback hilft Verkäufern, Probleme zu identifizieren und zu lösen. Durch Feedback können Verkäufer Probleme erkennen, bevor sie zu größeren Problemen werden.

Verbesserung der Kommunikation:

Feedback hilft Verkäufern, ihre Kommunikationsfähigkeiten zu verbessern. Durch Feedback können Verkäufer lernen, wie sie ihre Botschaften klarer und effektiver kommunizieren können.

Steigerung der Verkaufszahlen:

Feedback hilft Verkäufern, ihre Verkaufszahlen zu steigern. Durch Feedback können Verkäufer ihre Verkaufstechniken verbessern und ihre Produkte und Dienstleistungen besser auf die Bedürfnisse ihrer Kunden abstimmen.

Verbesserung der Kundenakquise:

Feedback hilft Verkäufern, ihre Kundenakquise zu verbessern. Durch Feedback können Verkäufer lernen, wie sie potenzielle Kunden besser ansprechen und überzeugen können.

Steigerung der Mitarbeitermotivation:

Feedback hilft Verkäufern, die Motivation ihrer Mitarbeiter zu steigern. Durch Feedback können Verkäufer ihre Mitarbeiter ermutigen und ihnen helfen, ihre Fähigkeiten zu verbessern.

Verbesserung der Unternehmenskultur:

Feedback hilft Verkäufern, die Unternehmenskultur zu verbessern. Durch Feedback können Verkäufer eine Kultur des Lernens und der Verbesserung fördern, die das Unternehmen insgesamt stärker macht.

Insgesamt ist Feedback ein wichtiger Bestandteil des Verkaufsprozesses. Es hilft Verkäufern, ihre Leistung zu verbessern, Kundenbedürfnisse besser zu verstehen und die Kundenzufriedenheit zu steigern. Durch Feedback können Verkäufer ihre Verkaufstechniken verbessern, ihre Verkaufszahlen steigern und die Motivation ihrer Mitarbeiter erhöhen.

20.) Die Kunst der Kundenakquise:

Wie man neue Kunden gewinnt

Die Kunst der Kundenakquise ist eine der wichtigsten Fähigkeiten, die ein Verkäufer beherrschen sollte. Ohne Kunden gibt es kein Geschäft, und ohne neue Kunden wird das Geschäft stagnieren. Hier sind einige Tipps, wie man neue Kunden gewinnen kann:

Identifizieren Sie Ihre Zielgruppe:

Bevor Sie mit der Kundenakquise beginnen, müssen Sie Ihre Zielgruppe identifizieren. Wer sind Ihre potenziellen Kunden? Was sind ihre Bedürfnisse und Interessen? Je besser Sie Ihre Zielgruppe kennen, desto effektiver können Sie sie ansprechen.

Nutzen Sie Social Media:

Social Media ist ein mächtiges Werkzeug, um neue Kunden zu gewinnen. Nutzen Sie Plattformen wie Facebook, Twitter und LinkedIn, um Ihre Marke zu präsentieren und potenzielle Kunden anzusprechen.

Erstellen Sie eine ansprechende Website:

Eine ansprechende Website ist ein wichtiger Bestandteil der Kundenakquise. Stellen Sie sicher, dass Ihre Website gut gestaltet ist und alle wichtigen Informationen enthält, die potenzielle Kunden benötigen.

Bieten Sie kostenlose Testversionen an:

Eine kostenlose Testversion ist eine großartige Möglichkeit, potenzielle Kunden von Ihrem Produkt oder Ihrer Dienstleistung zu überzeugen. Bieten Sie eine kostenlose Testversion an, um potenzielle Kunden anzulocken und sie von Ihrem Angebot zu überzeugen.

Nutzen Sie Empfehlungen:

Empfehlungen sind eine der effektivsten Methoden, um neue Kunden zu gewinnen. Bitten Sie zufriedene Kunden, Freunde und Familie zu empfehlen und belohnen Sie sie dafür.

Besuchen Sie Messen und Veranstaltungen:

Messen und Veranstaltungen sind großartige Möglichkeiten, um potenzielle Kunden zu treffen und Ihr Angebot zu präsentieren. Stellen Sie sicher, dass Sie gut vorbereitet sind und eine klare Botschaft haben, um potenzielle Kunden zu überzeugen.

Nutzen Sie E-Mail-Marketing:

E-Mail-Marketing ist eine effektive Methode, um potenzielle Kunden anzusprechen und sie über Ihre Produkte und Dienstleistungen zu informieren. Stellen Sie sicher, dass Ihre E-Mails gut gestaltet sind und einen klaren Call-to-Action enthalten.

Bieten Sie Sonderangebote an:

Sonderangebote sind eine großartige Möglichkeit, um potenzielle Kunden anzulocken und sie von Ihrem Angebot zu überzeugen. Bieten Sie zeitlich begrenzte Angebote an, um potenzielle Kunden zum Kauf zu motivieren.

Nutzen Sie Influencer-Marketing:

Influencer-Marketing ist eine effektive Methode, um potenzielle Kunden anzusprechen und sie von Ihrem Angebot zu überzeugen. Arbeiten Sie mit Influencern zusammen, die Ihre Zielgruppe ansprechen, um Ihre Marke zu präsentieren.

Seien Sie geduldig:

Kundenakquise erfordert Geduld und Ausdauer. Seien Sie geduldig und geben Sie nicht auf, wenn die Ergebnisse nicht sofort sichtbar sind. Bleiben Sie dran und passen Sie Ihre Strategie an, um erfolgreich zu sein.

Insgesamt erfordert die Kundenakquise eine klare Strategie und viel Arbeit. Nutzen Sie die oben genannten Tipps, um potenzielle Kunden anzusprechen und sie von Ihrem Angebot zu überzeugen. Seien Sie geduldig und passen Sie Ihre Strategie an, um erfolgreich zu sein.

In "Verkaufserfolg durch effektive Kommunikation: Wie man Kunden überzeugt und begeistert" haben wir uns mit einem der wichtigsten Aspekte des Verkaufs auseinandergesetzt - der Kommunikation. Wir haben gelernt, dass der Erfolg im Verkauf nicht nur von einem guten Produkt oder einer Dienstleistung abhängt, sondern auch von der Fähigkeit, Kunden zu überzeugen und zu begeistern.

In diesem Buch haben wir verschiedene Techniken und Strategien kennengelernt, die uns dabei helfen, effektiv mit Kunden zu kommunizieren. Wir haben gelernt, wie man die Bedürfnisse und Wünsche der Kunden erkennt und darauf eingeht. Wir haben gelernt, wie man Vertrauen und eine positive Beziehung zu den Kunden aufbaut. Wir haben gelernt, wie man Kunden von einem Produkt oder einer Dienstleistung überzeugt, indem man die Vorteile und den Nutzen klar kommuniziert.

Die Bedeutung der Kommunikation im Verkauf kann nicht genug betont werden. Eine effektive Kommunikation ermöglicht es uns, Kunden zu verstehen und ihre Erwartungen zu erfüllen. Sie ermöglicht es uns, eine Verbindung herzustellen und eine langfristige Beziehung aufzubauen. Sie ermöglicht es uns, Kunden zu begeistern und sie zu loyalen Botschaftern unserer Marke zu machen.

Ich hoffe, dass dieses Buch Ihnen dabei geholfen hat, Ihre Kommunikationsfähigkeiten im Verkauf zu verbessern, dass Sie die vorgestellten Techniken und Strategien in der Praxis anwenden und dadurch Ihren Verkaufserfolg steigern können.

Abschließend möchte ich Ihnen für Ihr Interesse an diesem Buch danken. Ich hoffe, dass Sie die darin enthaltenen Informationen und Ratschläge nutzen können, um Ihre Verkaufsfähigkeiten weiterzuentwickeln und Ihre Ziele zu erreichen. Denken Sie daran, dass effektive Kommunikation der Schlüssel zum Verkaufserfolg ist. Nutzen Sie dieses Wissen, um Kunden zu überzeugen und zu begeistern.